...SES CÉLÈBRES

ANCIENNES ET MODERNES

DEPUIS

LE XVIᵉ SIÈCLE JUSQU'A CE JOUR,

AVEC

LES JUGEMENTS ET ARRÊTS

QUI LES ONT DÉCIDÉES.

PREMIÈRE SÉRIE.

TOME III.

PARIS,

BERQUET, RUE DES PYRAMIDES, Nº 10;

FROMENT, RUE DAUPHINE, Nº 14;

LIBRAIRIE PARISIENNE, GALERIE VÉRO-DODAT;

AUDIN, QUAI DES AUGUSTINS, Nº 25.

1850.

BIBLIOTHÈQUE

DES VOYAGES,

100 VOLUMES IN-18,

ORNÉS DE 100 VIGNETTES ET 20 CARTES,

A 15 SOUS LE VOLUME,

PAPIER SATINÉ.

—

HISTOIRE

DE NAPOLÉON

ET DE

LA GRANDE ARMÉE,

8 VOLUMES IN-18,

ORNÉS DE GRAVURES ET PORTRAITS,

à 15 sous le volume.

CAUSES CÉLÈBRES.

ON SOUSCRIT

CHEZ AUDIN, quai des Augustins, n. 25;
FROMENT, rue Dauphine, n. 24;
LIBRAIRIE PARISIENNE, galerie Véro-Dodat,
n. 8.

PARIS, IMPRIMERIE DE A. BELIN,
rue des Mathurins-St.-J., n. 14.

CAUSES CÉLÈBRES

ANCIENNES ET MODERNES,

DEPUIS

LE XVIe SIÈCLE JUSQU'A CE JOUR;

AVEC

LES JUGEMENS ET ARRÉTS

QUI LES ONT DÉCIDÉES.

PREMIÈRE SÉRIE.

TOME III.

PARIS,

THÉOPHILE BERQUET, LIBRAIRE,

Rue et Galeries des Pyramides-St.-H.,
en face St.-Roch.

1830.

CHOIX

DE

CAUSES CÉLÈBRES.

SUITE DE LA POSSESSION

DES RELIGIEUSES DE LOUDUN,

ou

HISTOIRE D'URBAIN GRANDIER.

Je ne fatiguerai point le lecteur du détail des visions miraculeuses dont cette maladie fut accompagnée; elles sont circonstanciées jusqu'à satiété dans un écrit intitulé *Guérison miraculeuse de sœur Jeanne des Anges, prieure des ursulines de Loudun, par l'onction de saint Joseph.* Cet écrit était muni de l'approbation de l'évêque de Poitiers, conçue en ces termes : « Ayant appris au vrai la guérison « miraculeuse, etc., nous avons jugé à

1.

« propos, pour la consolation des ames
« pieuses, que le narré qui en a été dressé
« soit donné en public. » Je copierai seulement l'endroit de cet ouvrage qui con-
tient le récit de la guérison.

« Elle (*la sœur Jeanne des Anges,*
« *supérieure,*) eut, en présence de l'exor-
« ciste et de deux religieuses, une ou deux
« convulsions, comme lorsqu'on agonise.
« Elle lâcha visiblement deux hoquets de
« mort; mais au lieu du troisième, on en-
« tendit un soupir assez robuste, et elle
« fut rendue en un moment saine et vigou-
« reuse, et dit qu'elle s'était sentie privée
« de tous ses sentimens corporels, quoi-
« qu'elle eût toujours eu le jugement fort
« libre..... Saint Joseph lui étant apparu,
« posa sa main sur le côté où avait toujours
« été la principale source de son mal, et
« lui avait fait une onction d'huile, ou de
« quelque autre liqueur : le lieu où cette
« onction lui fut faite était un peu humide,
« et en ce même instant elle s'était trou-
« vée guérie, comme elle leur avait témoi-
« gné par ces paroles qu'elle avait profé-

« rées : *Je suis guérie ; mon bon ange et*
« *saint Joseph sont venus, et celui-ci*
« *m'a ointe au côté, je n'ai plus de mal.*
« L'exorciste ayant ouï parler d'onction,
« lui demanda si elle sentait quelque chose.
« Elle répondit qu'elle sentait un peu d'hu-
« midité ; et ayant pris sa chemise, elle
« l'essuya sur l'heure, sans faire aucune ré-
« flexion. La guérison ayant été subite et
« momentanée, on chanta le *Te Deum*. Le
« médecin, qui l'avait condamnée à une
« mort certaine, et abandonnée, ayant
« été mandé, vint au couvent, sans avoir
« rien appris de cette merveille, et vit ve-
« nir la prieure vers lui, revêtue de son
« habit de religieuse, qui lui raconta, en
« souriant, les merveilles de la guérison.
« Son étonnement fut si grand, qu'il de-
« meura quelque temps sans rien dire ;
« mais enfin il prononça ces paroles : *Le*
« *changement est grand ; toutefois la*
« *toute-puissance de Dieu peut tout.* »

Le médecin Fanton a raconté la chose
bien autrement. Il a laissé par écrit que
lorsqu'il vit la supérieure après sa prétendue

guérison, elle était au même état qu'auparavant pour la faiblesse et pour la fièvre ; qu'elle était à genoux, parce qu'elle ne pouvait se soutenir ; qu'elle fut relevée par deux autres religieuses, et qu'après avoir marché deux ou trois pas, elle s'excusa sur un reste de faiblesse, et se jeta sur un lit, où lui ayant tâté le pouls, il lui dit qu'elle n'était pas si bien guérie qu'elle n'eût besoin de se remettre au lit ; mais que puisqu'elle était persuadée de sa guérison, cela voulait dire qu'elle n'avait plus besoin de médecin, et qu'il allait se retirer : ce qu'il fit promptement, et fort à propos pour lui ; car, en descendant le degré, il entendit une voix, qu'il crut être celle de Mémin, qui cria aux religieux qui étaient dans la chambre : « Que ne l'arrêtiez-vous donc ? » C'était, comme on l'apprit depuis, pour lui faire signer de gré ou de force l'attestation que le chirurgien Manouri, et l'imbécile Gouin, apothicaire, avaient déjà signée. Mais il n'avait garde d'attester un miracle dont il n'avait vu aucune preuve ; au contraire.

Pendant tous ces prodiges, Béhémot tenait toujours bon ; il avait même été utile à la supérieure, puisque, quoiqu'elle eût été attaquée d'une vraie pleurésie, il avait empêché le sang de se corrompre ; mais il ne voulait abandonner son gîte qu'au tombeau de saint François de Sales, comme il l'avait promis. Enfin on composa avec lui : l'exorciste et l'exorcisée firent vœu d'aller ensemble au tombeau de ce saint, après la délivrance de la supérieure. Le démon fut content ; il sortit le 15 octobre 1637. Pour signe de sa sortie, il grava sur la main de la religieuse le nom de saint François de Sales, et ne revint plus. Le voyage promis se fit ; on n'oublia pas de porter la chemise imprégnée du baume miraculeux qui avait opéré la guérison de la religieuse, et elle fit beaucoup de prodiges sur la route. On n'en a pas de procès-verbaux ; mais ils ont été attestés par les deux pélerins.

Le père Tranquille, capucin, le plus illustre des exorcistes qui vivaient alors, mourut en 1638. Ses derniers momens furent accompagnés de douleurs insupportables, dont il exprimait les excès par des cris et des hurlemens si épouvantables, que l'on ne put empêcher les voisins du couvent de les entendre. Le bruit s'en répandit dans la ville, et la chose devint si publique, qu'il n'était pas possible de la nier. Les capucins composèrent et publièrent la relation de cette mort. Il résulte, de cet écrit, que ces douleurs, ces expressions de fureur, et les blasphèmes qui sortaient de sa bouche pendant son agonie, étaient l'ouvrage d'une troupe de démons qui s'étaient emparés de son corps pour le faire mourir, et qui y réussirent enfin; mais son ame leur échappa. On grava cette épitaphe sur sa tombe : *Ci-gît l'humble père Tranquille de Saint-Remy, prédicateur capucin. Les démons, ne pouvant plus supporter son courage en son emploi d'exorciste, l'ont fait mourir par leurs vexations, à ce portés par les magiciens le dernier mai* 1638.

Cette mort fit perdre à la possession tout son éclat. Les séculières possédées allaient à l'exorcisme à des heures fixes, comme on va à la promenade. Lorsque ceux qui les rencontraient leur demandaient si elles étaient

encore possédées : « Oui, Dieu merci, di-
« saient-elles. » Si on demandait aux dévotes qui ne manquaient jamais d'assister à
cette cérémonie, si elles étaient possédées :
« Nous ne sommes pas si heureuses, di-
« saient-elles ; Dieu ne nous a pas assez ai-
« mées pour cela. »

Mais ce qui acheva la fin de cette ma-
chine fut la suppression de quatre mille livres assignées annuellement pour les frais
de la possession. Les pères Lactance et Tranquille, protégés par leur confrère le père Joseph, étaient morts ; les ennemis de Grandier
étaient satisfaits du sacrifice qu'ils avaient
obtenu : la duchesse d'Aiguillon avait raconté à la cour son voyage de Loudun, et
avait prouvé qu'il était impossible désor-
mais que personne fût dupe de cette machination ; et l'on craignit que la mort af-
freuse du prétendu magicien ne révoltât
tous les esprits, si son innocence cessait d'ê-
tre au moins un problème. Mignon était
bien aise de voir finir une intrigue à laquelle
il n'avait plus rien à gagner, et qui pouvait
même lui devenir funeste, si elle durait as-

sez pour que les circonstances vinssent à changer, et que le gouvernement prît une autre face. Les religieuses étaient excédées des travaux qu'elles avaient soufferts, et des dangers que la supérieure avait courus en feignant une maladie. Leur fortune était faite, elles n'aspiraient qu'à en jouir tranquillement. On ne mena donc plus si souvent les possédées aux exorcismes; et l'on cessa enfin peu à peu de les y mener, sous prétexte qu'elles ne seraient plus exorcisées qu'en particulier.

Ce qui arriva à la possession de Chinon avertissait bien d'ailleurs qu'il était temps de terminer celle de Loudun. J'ai besoin, pour être compris, de reprendre les choses un peu plus haut. J'ai dit que Barré, ne pouvant plus exorciser à Loudun, exerçait, de son autorité privée, cette fonction sur deux de ses dévotes à Chinon. Mais ses travaux n'étant pas accrédités par une cabale nombreuse et puissante, n'avaient pas l'éclat que son ambition eût désiré. D'ailleurs, loin d'être soutenu par la cour, le roi n'en avait pas une idée favorable.

Les évêques de Nîmes et de Chartres, s'étant trouvés à Bourgueil, petite ville d'Anjou, avec le cardinal de Lyon et l'évêque d'Angers, furent curieux de voir la possession de Loudun. Ces deux prélats proposèrent au diable une énigme à deviner, dont ils étaient convenus, et qu'ils n'avaient communiquée à personne. Après bien des exorcismes faits en leur présence, auxquels le diable fit le rétif, il déclara enfin qu'on ne le contraindrait jamais à dire en public ce qu'on lui demandait; mais qu'il le dirait en particulier. Les évêques, qui ne voulaient ni réjouir ni instruire le public, et qui ne cherchaient que la vérité, le prirent au mot. Mais il ne fut pas plus habile d'une façon que de l'autre. Enfin le diable, pour se tirer d'affaire, dit que ce n'était pas lui qui avait entendu le secret, mais un de ses camarades, qui s'était retiré. Les évêques, qui avaient résolu de démasquer Barré, firent semblant de se contenter de cette défaite. Ils auraient bien voulu confondre aussi les exorcistes de Loudun; mais il n'était pas possible d'élever des doutes sur une possession qui avait été déclarée véritable par une sentence de l'évêque de Poitiers, par un jugement des commissaires du conseil, et par le supplice effrayant du malheureux Grandier. Il n'en était pas ainsi de celle de Chinon; aucune cour ecclésiastique ni séculière n'avait prononcé en sa faveur.

Les quatre prélats, réunis à Bourgueil au mois de novembre 1634, mandèrent Barré, et lui ordonnèrent d'amener avec lui les filles qu'il exorcisait ordinairement. Ils furent obéis : mais leur présence fit une telle impression sur ces malheureuses, qu'elles n'osèrent proférer une seule parole. Le cardinal de Lyon eut beau leur faire des questions, elles restèrent absolument muettes. On demanda à Barré pourquoi elles ne répondaient pas. « Il faut né-
« cessairement, dit-il, qu'il y ait un pacte
« de silence contracté entre les démons
« qui les possèdent, et les magiciens. » On lui répliqua qu'il devait rompre ce pacte, en qualité d'exorciste qui travaillait au

nom et de l'autorité de l'Eglise : il refusa
de le faire. Les soupçons que les prélats
lui témoignèrent sur sa sincérité lui cau-
sèrent de l'inquiétude : il en craignit les
suites ; et, pour tâcher de les faire revenir,
il prit le saint-sacrement en main, et protesta, en présence de toute la compagnie,
qu'il croyait que les démons possédaient
les filles qu'il exorcisait, de la même façon
et avec autant de certitude qu'il croyait
que le corps de Jésus-Christ était contenu
sous les accidens du pain et du vin. Les
prélats lui dirent qu'il était bien insolent
d'avancer une telle proposition ; qu'il n'a-
vait point assez d'autorité pour décider
une question si importante ; que quand
même ces filles ne seraient pas effectivement possédées, elles croiraient l'être sur
sa parole, tant à cause de la mélancolie
dont elles étaient affectées, qu'à cause de
la grande confiance qu'elles avaient en lui.
Il y en eut même un qui ajouta que s'il
dépendait de sa juridiction, il le ferait
châtier.

Le cardinal de Lyon s'étant rendu à la

cour, fit au roi le rapport de ce qui s'était passé en sa présence, et persuada si bien Sa Majesté de l'illusion de ces exorcismes, qu'elle écrivit à l'archevêque de Tours une lettre qui fut imprimée dans le temps, et dont voici la copie :

« Monsieur l'archevêque de Tours,

« Ayant été averti que le nommé Barré,
« curé de Saint-Jacques de Chinon, contre
« toutes sortes d'avis et conseils raison-
« nables qui lui ont été donnés, exorcise
« quantité de filles et de femmes de Chi-
« non, lesquelles ne sont point possédées,
« ainsi qu'il m'a été rapporté par plusieurs
« prélats pleinement informés de cette affai-
« re, même par mon cousin le cardinal de
« Lyon, en présence duquel elles ont été
« exorcisées par ledit Barré ; à quoi étant
« nécessaire de pourvoir, et prévenir les
« mauvaises suites qui en pourraient arri-
« ver, je vous ai voulu faire tenir cette
« lettre par le sieur évêque de Nîmes, que
« je vous envoie exprès, afin de conférer
« avec vous sur le sujet de ce désordre, et

« vous exhorte d'interposer votre autorité
« pour en arrêter le cours, selon qu'il vous
« fera pareillement savoir être mon inten-
« tion, dont vous le croirez. Ce qui fait
« que, me remettant sur lui, je ne vous la
« ferai plus expresse, et prie Dieu, mon-
« sieur l'archevêque de Tours, de vous
« avoir en sa sainte garde.
« Ecrite à Saint-Germain-en-Laye, le
« 19 décembre 1634. »

L'archevêque de Tours éluda ces ordres,
en représentant qu'on avait besoin d'une
somme considérable d'argent pour l'instruction d'un tel procès. Ce qu'il avait prévu arriva ; on n'envoya point de fonds, et Barré
continua tranquillement ses exorcismes.
A ces exercices, il ajouta de fréquentes pré-
dications, dans lesquelles il déclamait
contre la corruption du siècle avec tant
d'enthousiasme, qu'il passa pour un saint
dans l'esprit du petit peuple : son hypocrisie
séduisit même des gens de considération.
D'ailleurs, l'autorité de Laubardemont
vint à son secours, et le sauva d'un pas bien

dangereux. Il avait eu quelque différend avec un nommé Santerre, curé de Saint-Louaud, et chanoine de Saint-Mêmes. Les possédées de Barré l'accusèrent de magie. La fin cruelle de Grandier l'effraya; elle avait eu le même principe et la même cause. Santerre s'enfuit à Paris, se mit sous la protection du parlement, et poursuivit vivement Barré et ses énergumènes. L'affaire fut renvoyée devant l'official de la cathédrale, qui décerna un décret contre Barré et contre les prétendues possédées. Le curé de Saint-Louaud revint à Chinon avec ces pièces; mais ayant eu l'indiscrétion de les communiquer, avant de les faire exécuter, au lieutenant général, qu'il avait lieu de regarder comme son ami, Barré en fut averti. Il fit mettre les possédées en sûreté dans le château de Chinon, et se pourvut par devant Laubardemont, qui était alors intendant de la province. Celui-ci rendit une ordonnance, le 15 mars 1636, par laquelle il fit défenses à Santerre de se pourvoir ailleurs que par devant lui pour le fait de la possession. Cependant Paul Bonneau, sieur Desgenets, conseiller à Chinon, se transporta, accompagné d'un greffier et de trois archers, chez les possédées. Il somma les parens de ces filles de les représenter sur-le-champ, faute de quoi il les enleverait dès le lendemain. Barré présenta une seconde requête à l'intendant, qui ordonna, sur ce ouï le procureur général de la commission, que le jugement rendu le 15 du mois serait exécuté selon sa forme et teneur, et défenses faites à Bonneau et à tous autres d'y contrevenir, sur peine de mille livres d'amende. On n'osa enfreindre cette ordonnance ; les exorcismes allèrent toujours leur train ; mais il paraît qu'on ne parla plus de Santerre.

Cette impunité fit croire à Barré qu'il pouvait tout oser contre ses ennemis. Mais les choses furent poussées si loin, qu'il succomba à la fin. Une de ses possédées, nommée Beloquin, entreprit la perte d'un prêtre nommé Giloire. Elle entra un jour de très-grand matin dans l'église de Saint-Jacques, dont Barré était curé, et répandit quelques gouttes de sang de poulet sur la nappe qui couvrait le maître-autel. Le curé fut le premier qui aperçut cette tache : toutes ses perquisitions ne purent lui apprendre d'où elle provenait. Enfin il interrogea le diable de la Beloquin. Il lui répondit que Giloire s'était, par magie, introduit dans l'église avant qu'elle fût ouverte, et que la fille qu'il possédait y étant entrée pour faire sa prière, ce prêtre l'avait violée sur l'autel même. On remonta à la source de cette atroce accusation ; on eut la preuve que cette malheureuse avait elle-même fait la tache trouvée par Barré, avec le sang d'un poulet qu'elle avait tué la veille. Le procès-verbal de ce fait fut envoyé à l'archevêque de Tours, dans le diocèse duquel se trouve la ville de Chinon. La scélérate crut parer ce coup par une autre supercherie aussi abominable. Elle opposa un obstacle à l'écoulement de l'urine, et se plaignit amèrement d'une rétention qui lui était causée par les maléfices de certains magiciens. Elle se rendit à Tours, pour recevoir du prélat, principal ministre de l'église, les secours dont elle avait besoin contre les maux

qu'elle souffrait. Elle s'attendait d'y trouver le pasteur titulaire ; mais son absence
l'obligea de s'adresser au coadjuteur, qui
l'écouta paisiblement , lui promit d'employer à son soulagement tous les moyens
qui seraient en son pouvoir. Il fit en même
temps appeler deux hommes forts et robustes , qui la tinrent pendant que deux
sages-femmes la visitaient. Elle accoucha
d'une boule de plomb, et fut guérie à l'instant même. Le coadjuteur fit conduire la
prétendue possédée dans les prisons de
Chinon, fit informer contre elle et contre
toute la cabale de cette possession , et fit
appeler des juges de Richelieu pour procéder au jugement de cette affaire , conjointement avec ceux de Chinon. Mais elle
fut apaisée par le crédit et l'autorité des
personnes intéressées. Barré en fut quitte
pour perdre sa cure et sa prébende, et être
relégué dans la ville du Mans, où il se tint
caché, le reste de sa vie, dans un couvent
de moines ; ses exorcisées furent enfermées,
pour le reste de leurs jours , entre quatre
murailles.

Les possessions prenaient crédit dans tous les coins du royaume. Le succès de celle de Loudun fit croire que c'était un moyen sûr et adopté, soit pour se venger de ses ennemis, soit pour s'enrichir par les charités qu'elles faisaient couler en abondance. Une certaine Jeanne de Ruède, du village de Blast, proche Tournon, s'avisa de publier qu'elle était possédée par quatre démons qu'elle nommait Belzébut, Barrabas, Guilmou et Carmin, qui lui avaient été envoyés par un magicien et une magicienne du pays. Elle fut conduite, pour être exorcisée, dans la chapelle de Notre-Dame de Roquefort, fameuse par un grand nombre de miracles. Mazarin, devenu depuis cardinal et premier ministre du royaume, était alors vice-légat d'Avignon, d'où cette chapelle relevait. Il usa de l'autorité séculière dont il était revêtu, fit défenses aux exorcistes de continuer, et aux possédées d'avoir des convulsions. Les diables obéirent sur-le-champ, et il n'en fut plus question.

La contagion s'étendit jusqu'à Nîmes;

mais elle fut arrêtée par un ecclésiastique nommé Santerre, promoteur de ce diocèse. Il envoya plusieurs questions à l'université de Montpellier, qui répondit qu'on n'a pas besoin du secours du diable pour plier son corps de manière que la tête touche la plante des pieds; pour remuer la tête de manière qu'elle frappe alternativement contre le dos et contre la poitrine, puisque les bateleurs, sans être ni magiciens ni possédés, font des mouvemens et prennent des positions bien plus extraordinaires; que le gonflement subit de la gorge, de la langue, et le changement de couleur du visage, peuvent s'opérer par différentes manières de gouverner sa respiration; que le défaut de sentiment, en certains endroits du corps que l'on peut pincer et piquer sans y exciter de douleur, ou sans que le patient en témoigne, est tout naturel; qu'il n'est point rare de voir des gens dont le sentiment est absolument obtus en certaines parties du corps, entourés d'autres parties très-sensibles; que d'ailleurs il se trouve des gens capables de prendre assez sur eux pour ne témoigner à l'extérieur aucune sensation de la douleur la plus aiguë, tels que ceux qui se faisaient fustiger devant l'autel de Diane jusqu'à la mort, sans froncer le sourcil ; et ce jeune Lacédémonien qui se laissa ronger le foie par un renard qu'il avait volé, sans paraître le sentir ; qu'il est tout naturel qu'un homme puisse, à un signal qui lui est donné, rester tout-à-coup immobile au milieu et pendant les plus fortes agitations : qu'il ne faut point recourir à des causes magiques pour expliquer comment un homme contrefait le cri de certains animaux et le chant de certains oiseaux ; cela se voit exécuter tous les jours par des gens qui ne sont rien moins que sorciers. Il s'en trouve même qui forment des paroles dans l'estomac, de manière que l'on croirait entendre une voix qui vient d'ailleurs que de la personne qui la forme. Ce prétendu prodige est même si peu particulier aux possédées de Loudun ou de Nîmes, que ceux qui, par l'exercice, ont acquis cette faculté sont désignés, par des mots reçus depuis long-temps dans la langue, *engastronymes* ou *engastrilogues*

(*ventriloques*) ; la faculté de fixer ses regards sur le même objet sans sourciller peut s'acquérir par l'usage ; répondre en français à quelques questions faites en fort peu de mots latins, et roulant toujours à peu près sur les mêmes objets , est la preuve d'une intelligence très-suspecte entre l'exorciste et l'exorcisée. S'il était prouvé que l'énergumène n'eût jamais appris le latin , et qu'elle fît en cette langue de fort longues réponses à de fort longues questions, il faudrait attribuer ce prodige à une cause surnaturelle ; il faudrait attribuer à une cause pareille le vomissement de choses que l'on n'aurait pas avalées, mais rien n'est si facile que de rendre ce qu'on a avalé, surtout si c'est une chose difficile à digérer ; enfin il n'est point étonnant de voir des piqûres assez profondes sans effusion de sang ; il arrive souvent que les chirurgiens n'en peuvent obtenir avec leurs lancettes.

L'official de Nîmes , armé de cette consultation, employa son autorité pour mettre fin aux possessions qui s'introduisaient dans son diocèse, et en vint promptement et facilement à bout. Ainsi fut désarmé l'esprit de vengeance qui avait appelé les démons à son secours, et qui allait, sur leurs témoignages, livrer à la mort tous ceux sur lesquels il aurait jugé à propos de s'exercer.

Enfin les possessions et les possédées furent entièrement oubliées, même à Loudun. La supérieure seule continua de faire voir les noms miraculeusement écrits sur sa main. Les filles de la reine, passant un jour par cette ville, eurent la curiosité d'aller voir cette prétendue merveille. « Bon, di-« rent-elles en voyant les lettres, n'est-ce « que cela? Tous nos galans, sans aucune « magie que celle de l'amour, portent nos « noms écrits de la même manière sur leurs « bras. »

Ménage (1) rapporte qu'il a ouï dire à la

(1) Gilles Ménage naquit à Angers en 1613, d'une famille fort honnête. Il exerça d'abord la profession d'avocat successivement dans sa patrie, à Paris, et aux grands jours de Poitiers. Il embrassa ensuite l'état ecclésiastique, et obtint des bénéfices qui le mirent en état de se livrer sans distraction au goût qu'il avait pour les lettres. Il avait une très-vaste érudition, soutenue d'une

supérieure que quand elle fut délivrée des démons qui la tourmentaient, un ange grava sur sa main *Jesus, Maria, Joseph, François de Sales;* et elle lui montra, dit-il, sa main, sur laquelle ces mots étaient effectivement gravés, mais fort légèrement, et comme ces croix qu'on voit aux bras des pélerins de la Terre-Sainte. Elle m'a dit, poursuit Ménage, que l'ange grava premièrement, au haut du dessus de sa main, le nom de *François-de Sales*, et que ce mot se baissa pour faire place à celui de *Marie*

prodigieuse mémoire, et un certain génie pour la poésie italienne. Il fit aussi beaucoup de vers médiocres en latin et en français. Sa *Requête des dictionnaires*, satire assez plaisante contre celui de l'Académie française, lui ferma l'entrée de cette compagnie. « C'est justement, disait le pa- « rasite Montmaur, à cause de cette pièce qu'il « faut condamner Ménage à être de l'Académie, « comme on condamne un homme qui a désho- « noré une fille à l'épouser. » Il mourut en 1692, âgé de soixante-dix-neuf ans. Ses principaux ouvrages roulent sur les étymologies de la langue française et italienne. Tout le monde connaît son *Ménagiana*, d'où j'ai tiré ce que je rapporte dans le texte.

et à celui de *Joseph*, lorsque l'ange voulut les graver ; et qu'ils se baissèrent ensuite tous trois pour donner la première place à celui de *Jesus*.

Voici comment Monconys (1) parle de ces caractères merveilleux dans ses Voyages, t. I, pag. 14 et suiv., édit. de 1695 :

« J'allai voir la supérieure des possédées
« de Loudun, autrefois possédée, et j'eus
« la patience de l'attendre dans le parloir
« plus d'une grosse demi-heure. Ce retar-
« dement me fit soupçonner quelque arti-
« fice ; c'est pourquoi je la priai de me mon-
« trer les caractères que le démon qui la
« possédait lui avait marqués sur la main,
« lorsqu'on l'exorcisait ; ce qu'elle fit ; et
« tirant le gant qu'elle avait à la main gau-
« che, j'y vis en lettres de couleur de sang,
« sur le dos, *Jesus*, *Maria*, *Joseph*, *F*.

(1) Balthasar Monconys était fils du lieutenant criminel de Lyon. Il voyagea dans l'Orient pour y chercher les traces de la philosophie de Mercure Trismégiste et de Zoroastre. N'ayant pas trouvé ce qu'il cherchait, il revint en France, et mourut à Lyon en 1665. Ses voyages sont plus utiles aux savans qu'aux géographes.

« *de Sales*. Elle me dit toutes les méchan-
« cetés du prêtre Grandier, qui avait été
« brûlé pour avoir donné le maléfice au
« couvent; et comme un magistrat de la
« ville, de qui il débauchait la femme, s'en
« était plaint à elle, et que, de concert, ils
« l'avaient dénoncé, nonobstant les fortes
« inclinations que ce malheureux lui cau-
« sait par ses sortiléges, dont la miséricorde
« de Dieu la préservait. Enfin je pris congé
« d'elle, et auparavant je souhaitai de re-
« voir sa main, qu'elle me donna fort civi-
« lement au travers de la grille. Alors la
« considérant bien, je lui fis remarquer
« que le rouge des lettres n'était plus si
« vermeil que quand elle était venue; et
« comme il me semblait que ces lettres s'é-
« caillaient, et que toute la peau de la main
« semblait s'élever, comme si c'eût été une
« pellicule d'eau d'empois desséchée, avec le
« bout de l'ongle j'emportai, par un léger
« attouchement, la jambe de l'*M*, dont elle
« fut fort surprise, quoique la place restât
« aussi belle que les autres endroits de la
« main. Je fus satisfait de cela. Je pris

3.

« congé d'elle, et partis de Loudun, etc. »

Ce miracle disparut enfin quand la main de cette religieuse, desséchée et ridée par la vieillesse, ne fut plus propre à recevoir et conserver l'impression des drogues dont on se servait pour tracer ces lettres. Cette bonne religieuse dit alors que Dieu, à sa prière, avait permis qu'elles s'effaçassent, afin de la délivrer des curieux importuns, qui venaient souvent la distraire de ses actes de piété.

Il paraît cependant que cette humble ursuline aspirait aux honneurs de la canonisation, et qu'au miracle que les accidens de la vieillesse ne permettaient plus de perpétuer, elle en avait voulu substituer un autre. Quelques magistrats ont attesté, dans un procès-verbal dressé sur le simple récit de cette religieuse, qu'un soir elle avait entendu une voix plaintive, d'abord dans le dortoir, ensuite à la porte de sa chambre ; qu'après plusieurs gémissemens elle avait vu entrer un grand cadavre tout en feu, qu'elle crut sortir du purgatoire pour passer en paradis, ou peut-être demander le

secours de quelques messes pour son soulagement. Elle prit aussitôt de l'eau bénite,
qu'elle jeta sur le spectre, pour l'obliger à
se retirer. Cette eau fit le même bruit que
lorsqu'il en tombe sur du fer rouge. Il en
jaillit sur sa main et sur son visage plusieurs
gouttes qui firent autant de brûlures, dont
elle comptait bien que les cicatrices lui res-
teraient tout le temps de sa vie. Une pen-
sionnaire, après avoir regardé ces marques
attentivement, dit qu'elles avaient été faites avec de l'herbe aux gueux (1), dont il

(1) Les naturalistes la nomment clématite : ses
fleurs sont à quatre feuilles, rarement à cinq. Elles
sont sans calice ; mais elles poussent, du milieu
de leurs feuilles, un pistil qui devient, dans la
suite, un fruit chevelu. Ce fruit est comme une
tête arrondie, composée de plusieurs semences,
terminée par une queue semblable à une petite
plume. Cette plante est très-vivace, et pour l'ordinaire sarmenteuse. La plupart des espèces de ce
genre sont très-âcres : appliquées sur la peau,
elles l'ulcèrent, et y excitent des vessies. Les
gueux s'en frottent pour faire paraître des plaies
sur leur corps, et tromper la charité des bonnes
ames ; c'est ce qui lui a fait donner le nom vul-
gaire sous lequel elle est connue.

se trouvait beaucoup dans le jardin du couvent; et il n'en fut plus question. Elle essaya plusieurs autres miracles, qui ne lui réussirent pas mieux. On l'oublia enfin, et elle mourut dans l'obscurité, sans qu'on ait songé à la décorer de l'auréole, qui paraissait être le principal objet de son ambition.

On ignore quel a été le sort des autres religieuses possédées ; mais on sait que la plupart des auteurs et fauteurs de la possession, et des témoins qui ont déposé contre Grandier, ont péri misérablement. J'ai parlé de la mort du P. Lactance et du P. Tranquille. Voici ce qu'on lit dans Patin (1), lettre 37, datée de Paris le 22 décembre 1551 :

(1) Guy Patin naquit à Houdan, petite ville du Beauvoisis, en 1601. Il exerça la médecine à Paris, et fut l'ennemi le plus déterminé de l'antimoine. Il avait dressé un gros registre de ceux qu'il prétendait avoir été les victimes de ce remède : il nommait ce registre le *martyrologe de l'antimoine*. La querelle s'échauffa, et devint à la fin si dangereuse, que le parlement ordonna que la Faculté déciderait au plus tôt sur les dangers et l'utilité de l'antimoine. Quatre-vingt-douze doc-

« Le 9 de ce mois, à neuf heures du
« soir, un carrosse fut attaqué par des vo-
« leurs : le bruit qu'on fit obligea les bour-
« geois de sortir de leurs maisons, autant
« par curiosité que par charité. On tira de
« part et d'autre : un des voleurs fut cou-
« ché sur le carreau, et un laquais de leur
« parti fut arrêté ; les autres s'enfuirent.
« Ce blessé mourut le lendemain matin,
« sans rien dire, sans se plaindre, et sans
« déclarer qui il était. Il a été enfin reconnu :
« on a su qu'il était fils d'un maître des re-
« quêtes, nommé Laubardemont, qui con-
« damna à mort, en 1634, le pauvre curé
« de Loudun, Urbain Grandier, et le fit brû-
« ler tout vif, sous ombre qu'il avait envoyé
« le diable dans le corps des religieuses de
« Loudun, à qui on faisait apprendre à dan-
« ser, afin de persuader aux sots qu'elles
« étaient démoniaques. Ne voilà-t-il pas une

teurs furent d'avis de mettre le vin émétique au
nombre des purgatifs. Patin en fut inconsolable. Il
mourut en 1672, regardé comme savant médecin
et bon littérateur. Guy Patin avait un peu la tour-
nure d'esprit de Rabelais.

« punition divine dans la famille de ce mal-
« heureux juge, pour expier, en quelque
« façon, la mort cruelle et impitoyable de
« ce pauvre prêtre, dont le sang crie ven-
« geance? »

Le chirurgien Manouri revenait, à dix
heures du soir, de visiter un malade. Il
était accompagné d'un autre homme et de
son frater, qui portait une lanterne devant
eux. Ils passaient dans une rue nommée le
Grand-Pavé, entre les murs du jardin des
Cordeliers et le château. Manouri s'écria
tout d'un coup : « Ah, voilà Grandier! que
« me veux-tu? » Il fut en même temps
saisi d'un tremblement occasioné par une
frayeur dont ces deux compagnons ne purent jamais le faire revenir. Il vécut encore quelques jours, toujours dans le
même état, et toujours parlant à Grandier.

Les écrivains qui ont parlé de cette éton-
nante catastrophe rapportent encore quelques traits de la fin malheureuse des ar-
tisans ou instrumens de la possession. Mais
il est temps de terminer tous ces détails,

auxquels certains lecteurs trouveront peut-être que nous nous sommes déjà trop livrés.

Les préjugés sont grands sur cette matière, de la part de ceux même que les lumières d'une saine philosophie auraient dû en dégager. Les efforts des plus grands génies, et les faits propres à faire revenir, n'ont encore pu guérir les hommes entièrement. L'on a vu des savans du premier ordre, distingués par la profondeur de leurs connaissances et la solidité de leur jugement, être aussi crédules que des enfans sur ce chapitre. Quelques uns ont même été jusqu'à consacrer leurs veilles à ramasser tout ce qui pouvait autoriser leur crédulité, sans examiner les choses d'assez près; ils s'en rapportent au témoignage de gens prévenus, qui ne les avaient pas examinés autrement qu'eux.

Si toutes sortes d'examens, de témoignages, de dépositions, de signatures, etc., suffisaient pour réaliser ce que les hommes auraient intérêt de faire croire, combien de faux miracles et d'œuvres de ténèbres auraient, dans tous les temps, mérité d'être crus? Quand il a été de l'intérêt de la religion et de l'Etat d'approfondir les choses, l'on a tout discuté avec exactitude; on a examiné juridiquement les témoignages, on a pesé les signatures et les approbations : alors la lumière et le grand jour ont tout fait évanouir.

Deux faits éclatans serviront de preuve. Le premier nous est raconté par Sanders (1), livre I, du schisme d'Angleterre, et par

(1) Nicolas Sanderus, ou Sanders, naquit à Charlewod, dans le comté de Surrey en Angleterre, au diocèse de Winchester. Je n'entrerai point dans le détail de la vie et des écrits de ce zélé défenseur de la vraie religion; je dirai seulement que Grégoire XIII l'ayant envoyé en Irlande en qualité de nonce, pour engager les catholiques à ne point quitter les armes, ils furent défaits; et Sanders, craignant d'être pris par les Anglais, erra long-temps dans les forêts, où il mourut de faim et de misère en 1583. Il composa un très-grand nombre d'ouvrages pour la défense de la foi. Celui dont il s'agit ici est intitulé *de Origine ac Progressu Schismatis anglicani*. Il a été plusieurs fois traduit en français. _

Le Grand (1), Histoire du divorce de Henri VIII, liv. I. Ces deux auteurs nous rapportent le procès et la condamnation d'Elisabeth Barthon, connue alors sous le nom de *la religieuse de Kent*, ou de *la sainte fille de Cantin*. Après des convulsions fréquentes, effets d'une maladie de son sexe, qui lui tournaient la bouche et lui tordaient plusieurs membres, elle contracta, par l'habitude, la facilité de faire plusieurs contorsions qui paraissaient au-dessus des forces naturelles. Richard Master, son curé, à qui elle avait confié ce qui se passait en elle, lui conseilla de tirer parti de ses

______

(1) Joachim Le Grand naquit à Saint-Lô en Normandie en 1653. Il a aussi donné un grand nombre d'ouvrages, tant théologiques que politiques. Après être sorti de l'Oratoire, il fut successivement secrétaire d'ambassade à Lisbonne et à Madrid. L'ouvrage dont il s'agit ici est intitulé *Histoire du divorce de Henri VIII, roi d'Angleterre, et de Catherine d'Arragon ; la défense de Sanderus, et la réfutation des deux premiers livres de l'Histoire de la réformation de M. Burnet, et les preuves.* Cet ouvrage est fort estimé, et mérite de l'être. L'auteur mourut à Paris en 1733, âgé de quatre-vingts ans.

3.

talens. Au milieu des accès qui la prenaient
ou qu'elle se procurait, elle accompagnait
ses postures de sentences pieuses, et de
maximes dévotes contre la corruption du
siècle, et contre les opinions nouvelles
qui faisaient tant de bruit dans l'Europe.
Elle se vantait d'être favorisée de visions
surprenantes. Plusieurs Anglais, et même
des plus qualifiés, employèrent les prestiges de la béate pour décrier le gouvernement et surtout le divorce de Henri VIII
avec Catherine d'Arragon. Ce prince fit
arrêter Élisabeth Barthon, avec plusieurs
de ceux qui la produisaient en public, et
faisaient servir ses artifices à leurs fins. Le
parlement de 1534 examina l'affaire, et dé-
couvrit une conjuration qui attira à cette
fille, et à plusieurs de ses complices, un jugement de mort. Le curé finit ses jours
en prison, et Anne de Boulen obtint le
pardon de ceux qui n'avaient été que séduits.

Le second fait est postérieur de cin-
quante-quatre années. Une religieuse por-
tugaise, de l'ordre des dominicains, nom-

mée Marie de la Visitation, prieure du couvent de l'Annonciade à Lisbonne, se fit une grande réputation de sainteté, par la prétendue impression des stigmates de Notre-Seigneur. Louis de Grenade, célèbre par son éloquence, et par ses ouvrages, qu'on lit toujours avec édification, fut le premier et le plus ardent apologiste de cette prétendue sainte de son ordre. Étienne de Lusignan, jacobin, fit un livre qui fut imprimé à Paris, et dédié à la reine, où les vertus et les miracles de cette religieuse furent mis dans leur plus beau jour.

Elle aurait continué de jouir de la réputation brillante dont elle était en possession depuis plusieurs années, si, par malheur pour elle, elle n'eût cabalé, sous main, pour le parti de don Antoine, prieur de Crato, que le peuple voulait mettre sur le trône de Portugal, après la mort du cardinal don Henri. Philippe II, roi d'Espagne, s'était emparé du royaume, et veillait sur toutes les démarches des Portugais, qui souffraient assez impatiemment

une domination étrangère. Ce prince ordonna que Marie de la Visitation serait
déférée à l'inquisition. Ce tribunal formi-
dable examina soigneusement la conduite
de cette fille, qui fut forcée d'avouer toutes
les impostures et tous les prestiges qu'elle
employait pour faire illusion aux peuples.
Parmi les faux miracles dont elle s'était
servie pour séduire ses compatriotes, elle
avait souvent paru le visage resplendissant.
Les inquisiteurs, qui agissaient par les ordres d'un roi défiant et sévère, voulurent
savoir de quel artifice elle se servait pour
produire cet effet surprenant. Elle leur
avoua que quand elle voulait donner cette
scène, elle remplissait de charbons allumés
un réchaud qu'elle mettait à l'opposite d'un
miroir, sans qu'on s'en aperçût; et qu'elle
se plaçait de façon que le miroir réfléchis-
sait la lumière sur son visage, qui devenait
par ce moyen tout brillant. Le procès où
ce fait est rapporté fut rendu public, par
l'ordre de l'inquisition, sur la fin de 1588.

Mais voici des faits bien plus surprenans

encore, et que personne ne révoquera vraisemblablement en doute ; c'est saint Augustin qui les rapporte lui-même dans le qua-
torzième livre de la Cité de Dieu, chap. 24.

« Il y a, dit-il, des hommes fort diffé-
« rens des autres, et que la singularité
« rend un objet de considération, en fai-
« sant de leurs corps certaines choses qui
« sont impossibles à d'autres, et que l'on
« a de la peine à croire quand on ne les
« a pas vues. On en voit qui ont une
« oreille mobile, ou même toutes les deux,
« comme les animaux. D'autres, sans re-
« muer la tête, font venir tous leurs che-
« veux sur le front, et les renvoient par
« le seul froncement de la peau à laquelle
« ils adhèrent. Il y en a qui, par une con-
« tradiction spontanée du diaphragme,
« rappellent de leur estomac, comme du
« fond d'une poche, les morceaux qu'ils
« ont engloutis tout entiers et en grande
« quantité. Quelques uns imitent si parfai-
« tement le chant des oiseaux et les cris
« des animaux, que ceux qui ne les aper-

4.

« çoivent pas y sont trompés. Vous en
« verrez qui tirent, du fond de leurs en-
« trailles, des sons assez harmonieux pour
« approcher du chant. J'ai vu un homme
« qui suait toutes les fois qu'il voulait.
« Voici une chose encore plus difficile à
« croire, et dont la mémoire est toute ré-
« cente. Un prêtre, nommé Restitutus,
« du diocèse de Calame en Numidie, était
« maître de se rendre insensible ; et il avait
« cette complaisance pour ceux qui le
« priaient de leur donner cet étonnant
« spectacle. Pour qu'il pût prendre cette
« situation, il fallait contrefaire, en sa
« présence, la voix plaintive et les gémis-
« semens d'une personne désolée : alors il
« s'aliénait tellement les sens, qu'il deve-
« nait semblable à un mort. On avait beau
« le pincer et le piquer, il ne sentait rien,
« pas même l'impression du feu, qu'on lui
« appliquait quelquefois jusqu'à ce qu'il
« fût revenu à lui-même. S'il demeurait
« immobile, ce n'était point en vertu d'une
« contention, ou des efforts qu'il faisait ;
« cette suspension de sentiment n'avait rien

« d'affecté. Dans ces momens, il n'avait
« pas plus de respiration qu'une personne
« morte. Il disait néanmoins que quand
« on parlait haut auprès de lui, il enten-
« dait comme la voix de personnes placées
« dans un grand éloignement. »

Ce récit de saint Augustin est appuyé
par plusieurs exemples que rapporte Léo-
nard Le Coq, qui a commenté l'ouvrage
de la Cité de Dieu. Si l'évêque d'Hippone
avait été moins éclairé, il aurait imputé au
ministère des démons ce qu'il n'attribue
qu'à des causes purement naturelles.

Je ne finirais pas si, pour établir qu'il
n'y a presque pas de possession qui puisse
soutenir l'épreuve d'un examen régulier et
impartial, je voulais faire le récit de toutes
celles dont la fourberie a été découverte.
Je me contenterai d'en rapporter deux, qui
pourront amuser le lecteur.

Une brochure, intitulée *Discours vé-*
ritable sur le fait de Marthe Brossier, à
Paris, chez Patisson, imprimeur ordi-
naire du Roi, 1599, nous apprend qu'en
cette année même la fille d'un tisserand de

Romorantin en Sologne, âgée de vingt-deux ans, fut attaquée d'une maladie extraordinaire , qui fut déclarée être une possession du démon. Les exorcismes furent employés sans succès. Les effets de la possession devinrent de plus en plus merveilleux. Le bruit s'en répandit dans tout le royaume; on promenait Marthe Brossier de ville en ville ; les capucins lui servaient de guides. Partout on employait les conjurations, mais inutilement. On publiait mille prodiges de cette énergumène. Elle entendait, disait-on, différentes langues, et surtout le latin et l'anglais; elle découvrait l'intérieur des consciences et les secrets du cœur; elle était quelquefois élevée à quatre pieds de terre ; elle discernait les vraies reliques des fausses ; tout ce qui avait été béni et consacré redoublait ses convulsions.

Elle fut conduite à Angers, pour y être efficacement exorcisée. M. Miron, évêque de cette ville (1), n'était pas homme à croire

(1) Charles Miron , fils de Marc Miron , premier médecin de Henri III , était d'une famille noble,

sans examen. Il refusa d'exorciser, sans être assuré auparavant de l'état de cette prétendue possédée. Il la fit retenir dans une maison, où elle était nourrie par son ordre. On

qui a donné plusieurs personnes illustres dans la robe. Henri III le nomma à l'évêché d'Angers en 1588. Le chapitre interjeta appel comme d'abus de l'obtention des bulles, l'impétrant n'étant âgé que de *dix-huit ans* : le chapitre succomba, et l'évêque ayant pris possession le 14 avril 1589, fut sacré à Tours le 11 avril 1591, étant âgé de vingt-un ans. Il prononça l'oraison funèbre de Henri IV, qui fut très-goûtée. Rebuté des différends qu'il avait avec son chapitre au sujet de la juridiction épiscopale, dont ces chanoines se prétendaient exempts, il se démit de son évêché en faveur de Guillaume Fouquet de La Varenne, qui lui remit trois abbayes qu'il possédait. M. Miron se retira à Paris. Le cardinal de Richelieu, inquiet du crédit que le mérite de cet ex-évêque lui avait acquis et lui conservait à la cour, le fit nommer de nouveau évêque d'Angers après la mort de Guillaume Fouquet, arrivée au mois de juin 1621 ; et il en prit une seconde fois possession le 23 avril 1622. Louis XIII le transféra, au mois de décembre 1626, à l'archevêché de Lyon, où il mourut le 6 août 1628. Quoiqu'il ne fût âgé que de soixante-deux à soixante-trois ans, il était le doyen des prélats du royaume.

mettait, à l'insu de cette fille, de l'eau bénite dans sa boisson; l'eau bénite ne faisait pas sur elle plus d'impression que l'eau commune. Quelques jours après, l'évêque fait venir la possédée; on apporte un bénitier, dans lequel il n'y avait que de l'eau toute simple : Marthe, qui la jugea bénite, tombe par terre, se débat, et fait ses grimaces accoutumées. L'évêque dit qu'il avait un morceau de la vraie croix, et l'offre à baiser à la possédée : à l'aspect d'une telle relique, les agitations deviennent plus violentes. « Qu'on m'apporte « mon grand livre d'exorcismes, dit le pré- « lat. » On apporte un Virgile : le pontife, prenant la contenance d'un homme qui va parler d'autorité, prononça d'un ton grave : *Arma virumque cano*. A ces mots, les convulsions redoublent, et deviennent d'une violence extrême. L'imposture ainsi découverte, l'évêque d'Angers chassa cette malheureuse, et lui défendit de reparaître dans son diocèse.

L'official d'Orléans fit de pareilles épreuves. Entre autres, il se fit apporter un gros Despautère, relié avec des ais et des fermoirs de cuivre; ce qui donnait à ce livre un air antique et vénérable. On l'ouvre, et on le donne à lire à l'énergumène. Elle tombe sur ce passage :

Nexo, xui, xum vult. Texo, xuit; indèque textum.

Des paroles si énergiques renversèrent Marthe Brossier par terre, où elle se roula et s'agita à son ordinaire.

Un autre jour, quelques ecclésiastiques du diocèse d'Orléans essayèrent de chasser le démon par la fumigation, qui est une espèce d'exorcisme. On lie la démoniaque dans une chaise; on place près d'elle des herbes et des drogues d'une odeur désagréable, auxquelles on met le feu; on lui porte ensuite la cassolette sous le nez. Après de grands mouvemens de pieds, et diverses contorsions excitées par l'âcreté et la puanteur de la fumée, elle se mit à crier : « Pardonnez-moi, je n'en puis plus, j'étouffe; « qu'on me laisse, le diable s'en est allé. » L'official d'Orléans, qui vit bien que cette fille, ou avait l'imagination blessée, ou était coupable d'une imposture punissable, se contenta de défendre les exorcismes à tout prêtre du diocèse, sous peine de suspension *à divinis*. Les capucins furent mortifiés de ce jugement; mais ils ne lâchèrent pas prise. La possédée fut conduite à Paris. On assembla les médecins; l'évêque de cette capitale, et l'abbé de Sainte-Géneviève, assistèrent à l'examen. Les médecins firent leur rapport: un petit nombre fut pour la possession; mais un des plus savans et des plus expérimentés, nommé Marescot, fit sur la possédée des épreuves qui mirent en évidence la fausseté de la possession. Le diable fut muet et confus, et le grand nombre des médecins prononça, par la bouche de Marescot leur ancien : *Nihil à dæmone, multâ ficta, à morbo pauca.* (Le démon n'a aucune part à tout ceci; plusieurs choses que fait cette fille sont feintes, et un petit nombre proviennent d'un état maladif.) Le parlement prit connaissance de cette affaire; et par arrêt rendu, la grand'chambre et la tournelle assemblées, Marthe Brossier, avec ses sœurs et leur père, qui était un marchand de draps ruiné, fut renvoyée dans le lieu de sa naissance, avec défense d'en sortir.

La relation n'en dit pas davantage ; mais les lettres du cardinal d'Ossat (1) nous ap—

(1) Arnaud d'Ossat, né à Cassagnabère, petit village d'Auch, de parens pauvres, se trouva sans père, sans mère et sans bien, à l'âge de neuf ans. Il fut élevé avec le seigneur de son village, qu'il devança si fort dans le cours de ses études, qu'il devint son précepteur. Ayant fait son droit sous Cujas, il suivit le barreau de Paris avec distinction. Les protecteurs qu'il s'acquit par son mérite lui procurèrent une charge de conseiller au présidial de Melun. Paul de Foix, archevêque de Toulouse, nommé par Henri III à l'ambassade de Rome, choisit d'Ossat pour secrétaire de son ambassade. Après la mort de ce prélat, arrivée en 1584, d'Ossat fut chargé en chef des affaires de France. Henri IV dut à ses soins son absolution, et sa réconciliation avec la cour de Rome. Ses services furent récompensés par l'évêché de Rennes, et par le chapeau de cardinal en 1599 ; enfin par l'évêché de Bayeux en 1601. Il mourut à Rome en 1604, âgé de soixante-sept ans. Le cardinal d'Ossat avait une pénétration prodigieuse ; il prenait son parti avec tant de discernement, que, dans toutes les affaires et les négociations dont il fut chargé, il est impossible de lui imputer une fausse démarche : il sut allier, dans un degré éminent, la

prennent la suite de cette affaire. Marthe Brossier, échappée de la maison paternelle, trouva un protecteur dans l'abbé de Saint-Martin, frère d'un évêque de Clermont, de la maison de Rendan, qui est une branche de celle de La Rochefoucauld. Soit que ce fût de ces hommes dont la dévotion a plus de chaleur que de lumière, soit qu'il fût animé d'un reste fanatique de la Ligue, cet abbé conduisit la prétendue possédée en Auvergne, où il paraît qu'il avait dessein de la faire exorciser de nouveau. Le parlement de Paris trouva mauvais qu'on cherchât, par cet enlèvement, à éluder son arrêt. Il en donna un second contre l'abbé de Saint-Martin et contre l'évêque de Cler-

politique avec la probité, les grands emplois avec le désintéressement, les dignités avec la modestie. Nous avons de lui un grand nombre de lettres, qui sont très-estimées. On y voit un homme sage, profond, mesuré, décidé dans ses principes et dans son langage. La meilleure édition est celle d'Amelot de La Houssaye, à Paris, 1698, in-4° et in-12, cinq volumes. Celle d'où est tiré ce que je vais rapporter est la lettre au Roi, du mercredi 19 avril 1600, liv. VI, lettre 52.

mont. L'Auvergne était dans le ressort de cette cour : les deux frères ne se crurent pas assez forts pour lutter contre elle ; ils firent partir la démoniaque pour Rome, où ils avaient des amis et du crédit. L'abbé la mena d'abord à Avignon, où il jugea qu'il n'avait plus rien à craindre ni du parlement ni de la cour, qui voulait voir finir le trouble que causait cette prétendue possession.

Le cardinal d'Ossat, qui était à Rome, fut informé de cette équipée. Rien ne lui paraissait indifférent dans les conjonctures délicates où se trouvaient les intérêts du roi Henri IV son maître ; il sollicitait alors la cassation de son mariage avec la reine Marguerite, pour en contracter un autre avec Marie de Médicis. Le cardinal pria M. de Sillery (1), ambassadeur à Rome, de

______

(1) Nicolas Brulart, seigneur de Sillery, d'une famille illustre dans l'épée et dans la robe, arriva à la dignité de chancelier, après avoir passé par tous les degrés de la magistrature. Il fut plénipotentiaire à Vervins, et ambassadeur à Rome, pour l'affaire dont il est parlé dans le texte. Le succès qu'il y obtint lui attira toute la faveur de Henri IV.

se joindre à lui, et de prévenir le pape sur
l'arrivée de l'abbé de Saint-Martin, avant
que l'on tînt consistoire. Ce cardinal, dont
le mérite avait forcé tous les obstacles de la
naissance la plus obscure, était un de ces
habiles ministres qui se font informer de
tout, et qui ne négligent rien. Il savait
qu'en matière de négociations les plus grandes difficultés sont quelquefois causées par
des incidens qui ne paraissent d'abord que
des minuties méprisables. On lui avait mandé de France que le P. Sirmond (1), et un

Ce crédit diminua, et se perdit même tout-à-fait
sous la régence de la reine, qui lui donna ordre
enfin de se retirer dans sa terre de Sillery. Cette
disgrace lui fut si sensible, qu'il ne pouvait contenir ses lamentations. Il mourut au mois d'octobre 1684, âgé de quatre-vingts ans. C'était un
homme fin, délié, toujours sur ses gardes, avide
d'honneurs et de richesses.

(1) Jacques Sirmond, né à Riom en 1559, fils
d'un juge de cette ville, se distingua, parmi les
jésuites, par son érudition. Il fut, pendant seize
ans, secrétaire du général Aquaviva. Il profita de
son séjour à Rome pour cultiver son goût pour
les sciences. Il fut protégé par les cardinaux d'Ossat et Barberin, qui étaient ses amis. De retour en

autre jésuite français, qui étaient à Rome,
ne manqueraient pas d'appuyer l'abbé de
Saint-Martin et l'évêque de Clermont, en
reconnaissance des obligations que la société avait à leur maison, qui lui avait
fondé un collége. Le cardinal d'Ossat fit
venir chez lui le P. Sirmond, et lui repré-
senta adroitement toutes les suites que
pourrait avoir cette entreprise. Il lui ex-
posa que la conduite de l'abbé était un at-
tentat contre la justice et l'autorité du roi ;
que les jugemens des cours souveraines de-

France, il fut confesseur de Louis XIII. Il remplit
long-temps ce posté avec l'estime du public. Il
avait les vertus d'un religieux et les qualités d'un
citoyen. Pendant qu'il fut à Rome, il s'employa
fort utilement pour sa patrie. On a, de lui, un
grand nombre d'écrits qui prouvent une connaissance consommée de l'antiquité ecclésiastique. Le
style en est pur et agréable ; ils sont presque tous
en latin. Il a fait d'excellentes notes sur les con-
ciles de France, sur les capitulaires de Charles-le-
Chauve, et sur le code Théodosien. Cette collec-
tion est imprimée à Paris, chez Cramoisy, 1629,
trois vol. in-fol. Pour la compléter, il faut y
joindre le supplément de La Lande, Paris, 1666,
in-fol., et celui d'Odespun, Paris, 1646, in-fol., etc.

5.

vaient être respectés; d'ailleurs que les jésuites feraient tort à leurs affaires, s'ils
appuyaient les prétentions et favorisaient
l'entêtement de l'abbé de Saint-Martin;
que la possession de cette fille n'intéressait
en rien la religion catholique; que comme
il était certain en général qu'il y a eu et
qu'il y a au monde des démoniaques, et
que la puissance de les exorciser est en l'É-
glise, aussi quand il est question d'un
particulier, s'il est démoniaque ou non, il
y faisait si obscur pour les fraudes qui s'y
commettent, et pour la similitude des effets
de l'humeur mélancolique avec ceux du
diable, que, de dix qu'on prétendait être
tels, à peine s'en trouvait-il un vrai; et le
plus souvent les médecins ne s'accordaient
point entre eux, non plus que les théolo-
giens et autres gens savans.

Le P. Sirmond, qui était aussi raisonnable
que savant, et dont la modestie égalait les
lumières, goûta parfaitement les raisons du
cardinal, et lui promit que ni lui, ni ses
confrères, ne se mêleraient de cette affaire.
On parla, de la part du cardinal d'Ossat,

à l'abbé de Saint-Martin, qui fit mettre la possédée dans une communauté ; et là finit la possession.

En voici une plus récente, que M. le cardinal de Luynes, archevêque de Sens, et alors évêque de Bayeux, a terminée sans exorcismes, après avoir examiné et approfondi la vérité. Il est bon, avant tout, de faire connaître les personnages qui ont représenté dans cette scène.

Il y avait à Évrecy, petit bourg en Normandie, voisin de Caen, un prêtre nommé Jean Heurtin, qui voulait absolument faire des saints ou des saintes. Dans ce lieu était une fille imbécile, nommée Marie Létoc, à laquelle cet ecclésiastique prétendait que le Ciel avait accordé le don de prophétie : en conséquence, le sieur Heurtin lui destina une place dans le calendrier. Cet homme était d'une conduite régulière, avait un air composé, un maintien modeste, une figure revenante, et parlait sans cesse le langage de la dévotion. Ces qualités extérieures sont bien propres à prévenir ceux qui s'arrêtent toujours à la surface des choses ;

aussi acquirent-elles des prosélytes au sieur Heurtin , entre autres deux gentilshommes du voisinage, MM. de L... et de V... La dévote d'Évrecy fut pour eux, sur la parole de leur directeur, une fille toute miraculeuse. On les vit, sur une prédiction de cette imbécile , passer toute une nuit dans l'attente d'un prodige qui devait venir d'en haut, et qui ne vint point. Le jour parut, que l'on était encore dans l'attente. La curiosité avait attiré beaucoup de spectateurs. M. de V.., qui ne pouvait se résoudre à ne pas ajouter foi aux prédictions de sa sainte, trouva tout d'un coup le motif qui avait empêché l'exécution de celle-ci. « Vous verrez, s'é-
« cria-t-il, qu'il se sera trouvé ici quelques
« chiens de jansénistes qui auront fait man-
« quer le miracle. »

L'illusion de la prétendue sainteté de cette fille fut enfin découverte ; et le sieur Heurtin, qui n'en voulait pas démordre, fut interdit.

Outre cette sainte, il s'était encore déclaré panégyriste d'un prétendu martyr, qu'il nommait Abraham Walfrid. Un jour, au milieu d'un dîner qu'il donnait à plusieurs personnes qui l'étaient venu voir, il se mit à rêver quelques momens ; et sortant ensuite de sa rêverie comme d'une extase : « Évrecy, s'écria-t-il, tu n'es maintenant « qu'un petit bourg ; mais un jour la ville « de Caen sera moins considérable que « toi. » Cette exclamation prophétique causa de l'étonnement aux convives. On le pria de s'expliquer : il le fit en peu de mots ; après quoi la compagnie s'étant levée, il la conduisit dans son jardin. « C'est « peu de chose, dit-il, messieurs, que ce petit « jardin ; mais je le préfère à un royaume. » On lui demanda la raison d'une telle préférence : « C'est ici, dit-il, que fut martyrisé « le bienheureux Abraham Walfride : ju- « gez combien un lieu arrosé d'un sang si « précieux me doit être cher et respecta- « ble ! » On lui demanda quelle preuve il avait que son jardin eût été le théâtre du martyre de ce grand saint : « Je n'en puis « douter, dit M. Heurtin ; la sainte fille

« me l'a fait connaître (il parlait de Marie
« Létoc), et Dieu lui-même a daigné me
« le révéler. »

Un autre jour, une demoiselle du can-
ton, accompagnée d'un gentilhomme de
son voisinage, alla rendre visite à M. Heurtin, qui était pour lors avec M. de V...,
son ami. On s'achemina vers le lieu où
avait été inhumé Abraham Walfrid. Chemin faisant, le sieur Heurtin et M. de V...
relevaient le mérite du saint, et assuraient
que son tombeau exhalait une odeur mer-
veilleuse. On se baisse, on applique le nez
à une ouverture que le peuple avait faite
à force d'en enlever de la terre, que M. Heurtin donnait comme un excellent fébrifuge.
« Hé bien ! dit-il à la demoiselle qui s'é-
« tait confessée à lui depuis peu, que di-
« tes-vous de cette odeur ? » Elle craignit
de le mortifier en avouant la vérité, et
s'excusa sur un reste de rhume. M. de V...
flaira de nouveau, et protesta qu'il n'avait,
de sa vie, rien senti de pareil, et qu'il était
tout embaumé. Le tour de flairer vint au
gentilhomme qui accompagnait la demoi-

selle ; mais il ne trouva qu'une odeur de terre remuée, et un peu humide. M. de V... fronça le sourcil, se fâcha, et mit ce gentilhomme au nombre des incrédules. « Il « n'est pas donné à tout le monde de croi- « re, dit M. Heurtin d'un ton dévot; et il « faut que l'ame soit dans certaines dispo- « sitions pour jouir d'une telle faveur. »

Voici encore un autre visionnaire de la même clique : c'est le sieur Martine, eu- diste (1). Un seul trait caractérisera cet en- thousiaste. Il disait un jour , en présence du grand prevôt de Caen, qu'il avait vu *la grosse Angélique* passer, comme une ai- guille, au travers du trou d'une serrure. « Quoi, reprit le prevôt, vous avez vu pas- « ser cette grosse fille par le trou d'une ser- « rure ? — Oui, répliqua l'eudiste d'un ton « mal assuré. — Vous l'avez vue ? reprit

____

(1) On appelle *eudistes* une espèce de congréga- tion fondée par Jean Eudes, frère du célèbre his- torien Mézeray. Cette secte a quelques établisse- mens dans la basse Normandie. La Roque, dans sa vie de Mézeray, rapporte certains faits qui ne sont pas à la gloire de Jean Eudes.

« l'autre de ce ton dont il déconcertait
« les criminels qui mentaient. » L'eudiste
ne put y tenir : « Je ne l'ai pas vue, dit-il,
« monsieur, mais je l'ai ouï dire à des per-
« sonnes ; et c'est comme si je l'avais vue
« moi-même. »

A ces visionnaires joignons un sieur Charpentier, qui disait avoir vu le diable sous
une figure terrible. Outre les cornes dont
on a presque toujours soin de le parer, il
avait un œil de poule et un œil de perdrix.
Il poussait hors de sa gueule une langue
toute de feu, et d'une énorme longueur.
Cette langue formait une figure spirale ; elle
s'avançait sur un sens, et rentrait sur le sens
opposé, comme une vrille.

L'interdiction du sieur Heurtin était re-
gardée par ses amis comme un affront et
une injustice criante, qui rendait ce bon
ecclésiastique inutile à tant d'ames dévotes.
L'occasion de le remettre en fonctions se
présenta, et fut saisie. La cure de Landes,
au diocèse de Bayeux, vint à vaquer.
M. de L...., qui en était patron, la lui
donna. Sa femme et lui étaient les plus zé-

lés et les plus aveugles partisans de ce visionnaire.

Ils avaient quatre filles. Au mois de mai 1732, la plus jeune, âgée de neuf ans, fut attaquée d'une grosse fièvre. Le curé fut le premier qui, au bout de huit jours, s'aperçut qu'il y avait de l'extraordinaire dans cette maladie. Cette découverte fut confirmée par une vision. L'enfant raconta à sa mère et au sieur Heurtin qu'elle avait vu un jeune homme vêtu de blanc, qui lui avait dit qu'elle aurait beaucoup à souffrir; mais qu'il fallait employer beaucoup de prières, et surtout les exorcismes de l'Église. Quelques jours après, cette petite fille, qui n'avait vu dans la maison de son père que des actes de piété, et qui n'avait entendu que des discours de dévotion, se mit à blasphémer, à proférer des sermens exécrables, à manquer de respect à son père, à sa mère, à insulter les prêtres, à se jeter dans l'eau, etc.

On pense bien que le curé ne s'avisa pas de faire donner le fouet à l'enfant; il eut recours à un remède qui était bien plus de

3.

son goût : il exorcisa. La chose fit du bruit;
les curés voisins accoururent, et quelques
uns d'entre eux partagèrent les fatigues du
sieur Heurtin.

Un jour, la petite Claudine avait annoncé
que le diable qui la possédait, et qui se
nommait Crèvecœur, sortirait précisément
le jour de Saint-Louis. Le sieur Heurtin
n'en douta pas; il l'annonça au prône, et
invita ses paroissiens à se trouver ce jour-
là à l'église. Plusieurs personnes, tant du
clergé que de la noblesse, furent invitées à
la cérémonie : on avait préparé un grand
dîner. Le diable sortit en effet. Le sieur
Heurtin en rendit graces par une messe so-
lennelle. Dans son enthousiasme, il dit en
quittant les vêtemens sacerdotaux, à un de
ses confrères : « Mon ami, je viens de réussir
« à la petite Claudine; on verra que je
« réussirai de même au bienheureux Wal-
« fride, et on sera forcé de reconnaître
« l'esprit qui faisait parler la bonne fille
« d'Évrecy. »

Cependant le diable entra de nouveau
dans le corps de la petite fille; elle fut re-

prise d'accès semblables à ceux qui avaient précédé sa prétendue guérison. Je dis prétendue, car les domestiques de la maison assuraient qu'ils n'avaient remarqué aucun changement, si ce n'est à l'église, où elle était plus tranquille.

Dans le même temps, la seconde fille de M. de L.... tomba dans une langueur et dans un dérangement d'estomac qui ne lui permettaient de garder aucune nourriture. Le sieur Heurtin devina sur-le-champ la cause de la maladie. Aussitôt que cet oracle eut parlé, cette fille fut saisie de fureurs qui surpassaient celles de sa sœur, surtout quand il s'agissait d'actes de religion.

Quelques jours après, l'aînée fut attaquée comme ses sœurs, et les diables se répandirent dans toute la paroisse. Les deux sœurs qui tenaient l'école, la servante du curé, la fille du maréchal, la servante de basse-cour du château, servirent de repaire à autant de diables. Le curé crut en voir partout; il ne parlait d'autre chose. Entrait-il dans une maison pour voir un malade, son premier soin était de faire des signes de

croix sur la tête, sur la poitrine, sur les pieds,
et aux quatre coins du lit de celui qu'il venait visiter.

Une jeune veuve de la paroisse le pria un
jour de venir voir un petit garçon qu'elle
avait qui était très-mal. Le sieur Heurtin
débuta, en entrant, par faire ses signes de
croix. La mère lui demanda les raisons de
cette nouvelle cérémonie dans les visites des
malades. Le curé lui répondit gravement :
« Ma chère demoiselle, nous avons des re-
« mèdes plus efficaces que ceux des méde-
« cins. L'esprit de ténèbres a la plus grande
« part aux maladies des hommes; vous ver-
« rez, dans la suite, pourquoi j'en agis
« ainsi. » L'enfant mourut peu d'instans
après.

Cette mère, affligée de la perte de son
fils, eut encore la douleur d'apprendre que
M. de L.... avait fait à Caen une tentative
qui ne tendait à rien moins qu'à la désho-
norer, elle et sa famille. Elle avait une
sœur mariée dans cette ville : Heurtin
eut une révélation qui lui avait appris
que le pacte qui occasionait les possessions

dont sa paroisse était affligée était caché dans le grenier du beau-frère de notre veuve, entre deux poutres. Il persuada à M. de L.... qu'il arrêterait le mal dans sa source s'il pouvait avoir ce pacte, par lequel on découvrirait le magicien. Ce bon gentilhomme obtint de M. de Vastan, pour lors intendant de Caen, des archers de la maréchaussée, qui, sous prétexte d'un soupçon de quelques marchandises de contrebande, allèrent faire perquisition dans la maison indiquée. Le pacte ne se trouva point. Le curé ne perdit point tête : il dit qu'on l'avait enlevé pendant la nuit, et que cette nuit même, étant couché, il avait senti qu'on lui avait soufflé dans l'oreille.

Cependant les diables de Landes s'accréditaient d'une étrange façon : on n'entendait que cris, que hurlemens, que blasphèmes. On voyait ces filles tomber évanouies, faire des grimaces horribles, tenir dans l'église les postures les plus indécentes, les discours les plus impies. M. de Luynes, qui pour lors était à Paris, en fut informé. Il chargea ses grands-vicaires de donner toute leur attention à cet événement. Dix curés du voisinage furent nommés pour faire des exorcismes et dresser des procès-verbaux ; mais ils ne s'accordèrent point entre eux, et, après dix ou douze jours de travail, ils se séparèrent, sans avoir fait autre chose que de beaucoup tourmenter les pauvres énergumènes ; et M. de Creuly, supérieur des eudistes de Caen, prononça gravement qu'ils étaient tous des ignorans, qui ne savaient pas leur métier. Il fut nommé pour exorciser, et se rendit à Landes, accompagné d'autres eudistes bien déterminés à chasser le diable.

On se mit vivement à ses trousses ; mais plus on le harcelait, plus il faisait le mutin. On voulait surtout le forcer à déclarer s'il y avait un pacte, et en quel lieu il s'était fait. Le curé Heurtin n'en doutait point ; mais il fallait le faire dire par le diable : quoiqu'il soit reconnu pour le père du mensonge, on était pourtant disposé à le croire sur sa parole. Il n'en parlait pas avec la précision que l'on aurait souhaité ; tantôt il disait qu'il avait été fait dans une petite maison à Saint-Nicolas, tantôt c'était à

Saint-Jean. Il disait bien qu'il y avait trois complices ; mais n'ayant pas autant de crédit qu'en avaient eu ceux de Loudun, il n'osait hasarder les noms.

Cette seconde tentative des exorcistes dura près d'un mois. On faisait très-souvent communier les possédées malgré elles ; on leur ouvrait la bouche à force, et lorsque le prêtre trouvait le moment favorable, il introduisait promptement l'hostie. Les Mémoires du temps attestent que des personnes dignes de foi ont vu la fille aînée de M. de L.... la cracher et la rejeter.

Le sieur Heurtin, qui voyait tout le monde révolté contre une pareille profanation, n'en était que plus opiniâtre, et soutenait que les fréquentes communions étaient nécessaires pour mortifier le démon.

Le sieur de Creuly, de son côté, comptait toujours sortir victorieux de ses combats. Le démon lui avait même fait entendre qu'il sortirait sans faute la veille de la Toussaint. On fit, à cet effet, les mêmes préparatifs que le jour de Saint-Louis : on crut le diable sorti ; mais pendant l'alégresse qu'inspirait un splendide dîner, le diable reparut. Le sieur de Creuly fut déconcerté, et forcé de quitter prise, après avoir fait bien des reproches à son ennemi, et lui avoir dit force injures.

M. l'évêque de Bayeux songea enfin à terminer ces scènes, qui commençaient à scandaliser ; mais, connaissant le caractère des fanatiques superstitieux, il crut devoir prendre des mesures propres à les confondre, afin de prévenir leurs cris, ou du moins de les rendre inutiles. Il fit tous ses efforts pour persuader au père et à la mère de séparer leurs filles ; il offrit de les faire recevoir chacune dans une communauté. M. de L.... parut assez goûter la proposition ; mais son épouse protesta que jamais elle ne souffrirait que ses filles sortissent de chez elle, et elle fut inébranlable. Où aurait-elle pu trouver un directeur tel que M. Heurtin ?

Le prélat, qui savait de quel œil le public regardait cette possession, fut fort étonné de voir une femme, qui d'ailleurs passait avec justice pour avoir de l'esprit, donner si facilement, et persévérer avec tant d'opiniâtreté, dans les rêveries d'un prêtre qu'il avait lui-même traité de visionnaire en plein synode, et qu'il avait interdit au sujet de la sainte d'Évrecy. Il ne voulut cependant pas heurter de front un entêtement dont on pouvait attribuer la source aux sentimens maternels. Avant de faire venir l'autorité publique au secours de la vérité contre les droits maternels, ce sage prélat crut qu'il était de sa prudence et de sa justice de mettre tout en œuvre pour découvrir à cette dame l'illusion de ses préjugés, et la convaincre que tout le scandale qu'ils occasionaient ne pouvait être arrêté que par autorité. On va voir que sa complaisance et sa patience furent portées jusqu'où elles pouvaient atteindre.

M. l'évêque de Bayeux prit donc le parti de faire conduire à Caen les prétendues possédées, et de leur faire subir un nouvel examen en présence des docteurs en théologie et en médecine, et des supérieurs de différentes communautés.

Le rituel du diocèse, qui indique les si-

gnes d'une véritable possession, fut consulté; on n'en trouva aucun dans les possédées. Les médecins voyaient, à la vérité,
des filles qui, dans leurs convulsions, paraissaient insensibles : mais ils se gardèrent
bien d'attribuer cet état à l'impression du
diable, et prirent une voie bien simple pour
justifier leur incrédulité.

Celle des possédées qui se faisait le plus
remarquer était la servante de basse-cour.
C'est à elle aussi que les médecins s'at-
tachèrent davantage; elle avait d'ailleurs
plus de forces pour soutenir la violence des
remèdes. On la piquait, on lui brûlait la
peau, sans qu'elle donnât aucun signe de
sentiment. Un chirurgien s'avisa de lui in-
sinuer dans les narines de l'esprit de sel
ammoniac, qui fit un effet auquel M. et
madame de L..... ne s'attendaient pas. Les
larmes coulèrent d'abord des yeux de cette
servante; elle se réveilla tout d'un coup, et
se mit à proférer les juremens les plus gros-
siers, et à accabler des épithètes les plus
sales les médecins, et le chirurgien qui lui
avait fait manquer sa convulsion. Elle tom-

ba encore, quelques momens après, en syncope, en présence des mêmes personnes. On attendit qu'elle parût absolument dénuée de tout sentiment : le même chirurgien s'apprêta alors à lui administrer le même remède ; elle le vit, quitta la convulsion, jura qu'elle voulait retourner à Landes, et se tirer des mains des médecins et des chirurgiens, qu'elle traita comme elle avait fait la première fois. Toute la bande quitta Caen, et s'en retourna comme elle était venue.

M. de L... ne perdit pas encore courage. Il entendit parler du sieur Charpentier, celui qui avait vu le diable sous une figure si hideuse et si effrayante. Il avait une grande réputation au sujet des obsessions et possessions du malin esprit. M. de L... pria M. l'évêque de Bayeux de lui écrire. La complaisance de ce prélat n'était pas encore à bout ; il invita Charpentier à se rendre à Landes. Mais on ne put d'abord obtenir cette faveur d'un homme accablé d'affaires, et si nécessaire dans une ville telle que Paris, où le clergé était, disait-il, tout perverti, et où le diable faisait tant de ravages. Il fallut se contenter du sieur d'Herbinière, le disciple et le digne élève du fameux docteur Charpentier. Cet exorciste subalterne, qui avait été chassé de la paroisse de Sainte-Opportune, où il était vicaire, à cause de ses rêveries au sujet des diables, trouva à Landes une bonne maison. Il y fut bien fêté, bien régalé pendant trois mois entiers, et ne fit d'autre ouvrage que de confirmer de plus en plus le sieur Heurtin dans ses opinions.

Comme rien ne finissait, le sieur Charpentier se laissa enfin fléchir; il voulut bien se dérober à ses grandes occupations, pour aller livrer assaut à un diable qui faisait tant de bruit, et qui pourrait figurer avec éclat dans le nombre de ceux qu'il se vantait d'avoir vaincus. Il arriva donc à Landes; et l'on ne douta plus, dans la famille, que l'affaire ne fût finie. « Pour celui-là, di- « sait un curé du voisinage, il réussira; il « s'y prend trop bien; il est clair qu'il a un « talent que nous n'avons pas. » Deux mois se passèrent en préparatifs; le public s'en-

nuyait, et les gens de bon sens eurent plus
de temps qu'il ne leur en fallait pour reconnaître que le nouveau thaumaturge était
un franc imposteur, dont tout le talent se
bornait à beaucoup parler, et à se montrer
intarissable sur son éloge. Pour se rendre
plus important, il disait qu'il n'avait jamais vu une possession plus avérée et plus
complète. Il prétendait parler au diable
par le commandement intérieur ; c'était
par ce stratagème, et ce tour de souplesse,
qu'il en avait d'abord imposé.

M. de Luynes s'ennuya enfin des discours emphatiques de ce fourbe ; ils ne
servaient qu'à enraciner le mal davantage,
au lieu de le faire cesser. Il perdit patience,
et chassa Charpentier de son diocèse, avec
défenses d'y reparaître de sa vie. Quelque
temps après le sieur Heurtin reçut un ordre
de la cour, qui lui enjoignait de se retirer à
l'abbaye de Bellestoile, ordre de prémontrés,
diocèse de Bayeux. Il n'a cessé de soutenir la
possession des filles de M. de L..., ajoutant
qu'elles ne seront jamais délivrées que le
corps d'Abraham Walfride ne soit exhumé,

Le père et la mère de ces malheureuses victimes de l'entêtement n'abandonnèrent point leurs idées, et la possession alla toujours son train. M. de Bayeux, qui n'avait eu que trop d'égards pour cette famille, et qui avait trop compté que le bon sens reviendrait à M. et à madame de L..., quand il aurait séquestré les fourbes et les fanatiques qui les trompaient, comprit enfin qu'il n'y avait d'autre remède à ce mal que de le couper par la racine. Les prétendues possédées furent enlevées, et distribuées en différentes communautés de Caen et de Bayeux. La prudence des religieuses, et leur exemple, ont rendu à ces filles une tranquillité que tous les exorcismes n'avaient pu leur procurer.

Ce dénouement m'en rappelle un pareil arrivé dans une occasion qui a beaucoup d'analogie avec les possessions dont je viens de faire mention. Tout le monde a entendu parler des convulsions qui commencèrent sur le tombeau du célèbre Pâris, et qui continuèrent dans quelques maisons particulières. Cet événement forma une secte, que l'on nomma les *convulsionistes* : c'était ceux qui croyaient ces convulsions réelles et miraculeuses : les autres les prenaient pour ce qu'elles valaient, pour une invention qui décriait et déshonorait le parti, et que l'intérêt avait su ériger en fanatisme.

Une zélée convulsioniste avait une sœur religieuse à Paris, dans un couvent dirigé par des appelans, et que la secte convulsioniste aurait fort désiré d'attirer dans son opinion. Notre zélée alla un jour voir sa sœur, accompagnée d'une convulsionnaire. Celle-ci ne manqua pas de se donner des convulsions dans le parloir. Ce spectacle frappa si fort l'imagination de la religieuse, qu'elle en eut aussi dès le soir même. Elles lui reprirent encore le lendemain, et il y avait à craindre que cet exemple ne devînt contagieux dans la communauté. La supérieure, fille sage, et ferme dans ses sentimens, coupa le mal par la racine. Elle commença par défendre l'entrée de sa maison, et même du parloir, à la sœur de la nouvelle convulsionnaire ; elle envoya celle-ci à l'infirmerie, l'y suivit un moment

après, accompagnée des deux plus vigou-
reuses sœurs converses de la maison, et lui
dit : « Ma sœur, comme les convulsions me
« paraissent une des maladies les plus
« dangereuses, j'ai demandé à d'habiles
« médecins quels étaient les remèdes les
« plus spécifiques contre ce mal; ils m'ont
« assuré que le plus efficace et le plus
« prompt était de donner promptement
« et fortement la discipline au moment
« que les convulsions commencent; et
« voilà deux bonnes sœurs que j'ai char-
« gées de vous rendre ce bon office. Si vos
« convulsions vous reprennent, ma sœur
« l'infirmière aura soin de les avertir sur-
« le-champ ; et je veux que, sans perdre
« un moment, elles quittent toute autre
« occupation pour vous délivrer d'un mal
« si étrange; et je compte assez sur leur
« charité pour être sûre qu'elles n'épar-
« gneront rien pour votre guérison. » Cette
ordonnance fit un tel effet, que l'on n'eut
pas besoin de recourir au remède même;
la guérison fut subite et complète.

Je ne finirais pas, si je voulais compiler

toutes les histoires de possession qui n'ont
dû leur existence qu'à la superstition, au
fanatisme, à l'intérêt, ou à d'autres pas-
sions. Contentons-nous d'adopter le sentiment du P. Calmet, dans sa Dissertation
sur les obsessions et possessions du démon.

« Il y a, dit ce célèbre commentateur,
« plusieurs caractères douteux et équivo-
« ques dans les obsessions du démon, et
« il y en a beaucoup moins de réelles que
« l'on ne s'imagine. Nous n'entreprendrons
« la défense d'aucune autre que de celles
« qui sont clairement marquées dans l'Écri-
« ture, ou qui se trouvent dans l'histoire,
« avec des circonstances si sûres et si ex-
« traordinaires, que l'on ne puisse raison-
« nablement les attribuer ni à la mala-
« die, ni à l'imagination, ni à la supercherie
« de ceux qui contrefont les possédés, ou
« de ceux qui les supposent par des motifs
« d'intérêt ou d'amour propre. Nous ne
« sommes les défenseurs ni de la vaine su-
« perstition des peuples, ni du prétendu pou-
« voir exclusif du démon, ni des faux mira-
« cles, ni de la sotte crédulité des ignorans. »

Il est donc bien prouvé (et tout lecteur impartial en conviendra) que la prétendue possession de Loudun ne fût qu'une infernale machination pour perdre une des malheureuses victimes du despotisme de Richelieu ; qu'on n'y vit qu'une suite de scènes maladroitement préparées , de scandales inouïs , et de sacriléges évidemment concertés entre les exorcistes et les exorcisées. Aussi n'est-il aucun homme de bon sens qui ne soit bien persuadé que si ces énergumènes avaient été soumises à la juridiction immédiate et libre de M. de Sourdis, alors archevêque de Bordeaux, ou à celle du coadjuteur de Tours, qui démasqua la Beloquin , ou enfin à celle de M. de Luynes, évêque de Bayeux ; il n'est personne, dis-je, qui ne soit persuadé qu'alors tous les prétendus diables qui les possédaient n'auraient pas tardé de déloger, et que l'infortuné Grandier n'eût pas expiré au milieu des supplices atroces qu'on lui fit endurer.

Et cependant comme, nonobstant l'évidence des faits, un certain La Menardaye, prêtre, fit paraître, en 1749, un ouvrage sous le titre d'*Examen et discussion critique des diables de Loudun*, ouvrage dans lequel il n'épargne ni les faux raisonnemens, ni les motifs superstitieux, ni les injures les moins ménagées, pour établir la réalité de cette possession, et l'équité du supplice de Grandier, qu'il nous soit permis de n'en point finir avec les possédées de Loudun, sans avoir auparavant dit quelque chose de cet *Examen*, et *discuté* cette *discussion*.

L'auteur dit modestement dans sa préface que son livre est « un modèle de l'u-
« sage qu'on peut faire des règles de la cri-
« tique, qui pourra servir de guide en d'au-
« tres occasions; et ce qui est infiniment
« plus utile que de lire par pure curiosité ;
« on se formera un esprit capable de juger
« sainement, et de se défendre des impres-
« sions séduisantes que des auteurs dange-
« reux savent employer avec tant d'arti-
« fice, et qui sont si efficaces sur les esprits
« trop crédules. »

Je n'emploierai pas beaucoup de temps pour mettre le lecteur en état de juger des lumières et de l'impartialité de ce maître en fait de critique. Il ne faut que jeter les yeux sur quelques uns des principaux raisonnemens qui forment la base de son système.

1° Il allègue, pour preuve de la réalité de la possession, la conversion de plusieurs personnes, qui furent tellement frappées de ce qu'elles y voyaient, qu'elles se convertirent, et se jetèrent dans différens couvens; entre autres, un avocat mort capucin, dont on a la vie imprimée; et le fameux M. de Keriolet, conseiller au parlement de Bretagne, qui est mort prêtre, après avoir vendu sa charge, fait de sa maison un hôpital, et embrassé la pénitence la plus terrible, et qui était avant cela l'impie le plus déterminé de son siècle. « Sa « vie, ajoute La Menardaye, est imprimée, « et suffit pour confondre l'imposture. »

Je n'ai point lu les vies de ces deux convertis, et j'ignore le degré de foi que méritent ceux qui les ont écrites. Mais, en prenant pour guide le modèle de critique et les règles que cet auteur nous donne, on peut lui démontrer que les convulsions occasionées par l'attouchement du tombeau ou de la terre du tombeau de Pâris, sont miraculeuses. S'il ne veut pas convenir de ce fait, comme il y a bien de l'apparence, il faudra qu'il convienne que ses règles ne sont pas toujours un modèle à suivre. Je ne raisonnerai point ; je rappellerai simplement un fait connu de tout le monde, et qui était récent quand l'*Examen* de La Menardaye parut.

Un nommé Carré de Montgeron était plongé dans l'incrédulité, et dans les déréglemens qui la font naître. Il alla, le 7 septembre 1731, au fameux tombeau, pour examiner avec les yeux de la plus sévère critique les miracles qui s'y opéraient ; mais il s'y sentit, dit-il lui-même dans un de ses ouvrages, tout d'un coup frappé et terrassé par mille traits de lumière qui l'éclairèrent. D'incrédule, il devint tout-à-coup chrétien fervent ; et de détracteur du fameux diacre, il devint son apôtre. Il se livra depuis ce moment au fanatisme des convulsions ; et après en avoir été d'abord le confesseur, il en devint le martyr. Il ramassa tout ce qu'il put trouver pour établir la vérité des miracles et des convulsions, en composa un fort gros livre, qu'il présenta lui-même au roi. Il fut enfermé; et loin de rien faire pour adoucir sa captivité, elle ne fit que donner des alimens à son fanatisme, qui lui mérita d'être resserré de plus en plus. Il mourut enfin en 1750, dans la citadelle de Valence. Qui peut assurer que si cet ardent convulsioniste eût conservé sa liberté, il n'eût pas justifié la vérité de son opinion par des sacrifices et par des austérités aussi capables de convaincre le sieur La Menardaye, que l'ont été son avocat de Loudun et son M. de Keriolet? Y a-t-il opinion religieuse, si absurde qu'elle soit, dont on ne pût soutenir la vérité par les règles de critique que nous donne cet auteur?

2° Ensuite il dit : « Il est absurde de « croire qu'un couvent de filles tout en- « tier, que plusieurs ecclésiastiques consti- « tués en dignité, et plusieurs religieux, « avec les premiers de la ville, qu'un con- « seiller d'état, un ministre, treize juges,

« qu'il nous assure avoir été choisis parmi
« ce qu'il y avait de plus habile dans les
« différens tribunaux du pays , avec tous
« les médecins appelés , et tous les exor-
« cistes, de quelque état qu'ils fussent, ec-
« clésiastiques ou religieux ; il est absurde,
« dis-je, d'imputer à un si grand nombre
« d'hommes respectables un complot aussi
« noir, aussi absurde, sans espoir d'en ti-
« rer aucun avantage, qui était condamné
« par leur conscience, et qui ne pouvait
« que les couvrir de honte. »

Quoi ! ce maître en fait de critique avait
lu assez peu , ou avait si peu profité de ses
lectures, qu'il ne se rappelait aucun complot plus étonnant encore que celui-là ?
S'il eût consulté l'histoire du genre hu-
main, il en eût trouvé de pareils à chaque page. Qui lui avait dit d'ailleurs que
les ennemis de Grandier n'étaient pous-
sés par aucun motif d'intérêt ? N'avait-il
pas vu, au contraire, que les uns étaient
excités par l'esprit de vengeance, que d'autres étaient intimidés par l'autorité, et que
quelques uns enfin étaient gagnés par l'ap-

pât des profits pécuniaires? N'avait-il pas vu aussi l'indécence avec laquelle avait procédé l'odieux Laubardemont pour plaire à son maître? L'histoire ne lui avait sans doute rien dit des implacables vengeances de l'ancien évêque de Luçon? Quelle certitude avait-il d'ailleurs que les juges choisis pour former la commission fussent les plus habiles du pays? Aucun écrivain contemporain, que je sache, ne leur avait rendu ce témoignage; et La Menardaye vint, cent ans après leur mort, leur donner des certificats de capacité!

3° La Menardaye ajoute : « Grandier « était un scélérat qui, quand il n'aurait « pas été magicien, aurait mérité le feu « pour ses adultères perpétuels, et les sa- « criléges d'impureté par lui commis dans « sa propre église. »

On ne peut disconvenir que Grandier n'eût donné lieu, soit par des imprudences, soit autrement, à la réputation qu'il avait d'être plus galant qu'il ne convient à un homme de son état, qui ne peut être ni trop réservé, ni trop scrupuleux sur ce qui concerne la chasteté. Il doit en être un modèle aux yeux du public, et surtout aux yeux de ses paroissiens, quand il a l'honneur d'être pasteur. Mais des bruits fondés sur quelque indiscrétion équivoque, peut-être uniquement sur la jalousie d'un mari ou l'inquiétude d'un père, qui croient s'apercevoir que le pasteur inspire à sa femme, ou à sa fille, d'autres sentimens que ceux de la piété, méritent-ils donc que l'on brûle celui qui en est l'objet, souvent innocemment? Il n'est point rare de voir des dévotes plus attachées à leur directeur qu'elles ne devraient l'être, et sans que ce directeur y contribue autrement que par les avantages de sa personne et les graces de son esprit. Quoi qu'il en soit, s'il y avait eu du scandale, c'était au supérieur ecclésiastique à en examiner la source, et à y apporter le remède que les circonstances pouvaient inspirer à sa sagesse et à sa prudence.

Quant à Grandier, on lui imputa d'avoir poussé la galanterie jusqu'aux derniers excès de l'impureté. Mais on a vu qu'il fut lavé de cette accusation par jugement du présidial de Poitiers et de l'archevêque de Bordeaux, supérieur ecclésiastique. On a même vu que ce prélat était tellement convaincu que cette accusation n'avait d'autre fondement que la haine armée de la calomnie, qu'il donna à cet ecclésiastique le conseil de s'éloigner d'un lieu où il s'était formé contre lui une ligue si nombreuse et si puissante, qu'il était impossible qu'il n'en fût pas tôt ou tard la victime. Cet avis, donné par le juge lui-même, n'est-il pas un certificat de l'innocence de l'accusé, ajouté au jugement d'absolution ?

Mais ce raisonnement disparaît sous la plume de notre maître en fait de critique. Voici comment il le pulvérise : « Grandier, « dit-il, était le fléau de toute la ville de Lou- « dun par ses scandales horribles, par ses « outrages envers les magistrats, par les « artifices de sa chicane, par ses violences, « qui y avaient tellement mis le trouble « et la division, qu'il ne se trouvait per- « sonne de neutre sur son sujet, ayant su « se faire de zélés partisans des uns, et « poussant à bout tous les autres, afin

« d'être soutenu par les premiers, et de
« récuser les seconds. Par là, il avait trou-
« vé le secret de mener sans fin tous les
« procès qu'on aurait pu lui intenter , et
« de rebuter tous les tribunaux du pays.
« Il ne fallait donc pas moins qu'une auto-
« rité supérieure, comme celle des com-
« missaires ordonnés par le roi, pour met-
« tre fin à tant de méchancetés, tant de
« crimes et de scandales. »

Bien ! M. La Menardaye raisonne on ne
peut mieux ; car toute la suite de cette histoire
lui avait fait voir combien les amis de Grandier étaient puissans, et qu'il avait surtout
un caractère propre à la séduction insi-
nuante. Et pourquoi ne compterait-on pas
sur la véracité des témoins entendus par
les commissaires, surtout après la déclaration faite par Grandier à la question, qu'il
avait vu Elisabeth Blanchard, pour la première fois, au moment où elle lui fut con-
frontée ?

Le sieur La Menardaye s'échauffe sur
cet objet, et met en œuvre toutes les règles
de sa critique et tout le poids de ses rai-

sonnemens, pour écraser ceux qui osent ne pas penser comme lui. Copions ses propres expressions; on ne pourrait y toucher sans leur faire tort.

« Pourquoi, dit-il, les juges de Grandier
« ne lui ont-ils point fait son procès pour
« des débauches aussi notoires? C'est, dit-
« on, qu'ils n'en ont point trouvé de preu-
« ves convaincantes. Vous ne songez donc
« pas, écrivains défenseurs d'un tel scélé-
« rat, que vous faites ici ces juges plus
« équitables que vous ne le voulez. Quoi!
« soixante ou quatre-vingts dépositions,
« dont il y en avait du moins vingt-une
« bien articulées et bien soutenues, ne
« leur ont point paru des preuves suf-
« fisantes! Ils avaient donc la conscience
« bien plus délicate que vous ne le dites.

« Or, si ces juges ont fait, de la magie,
« l'objet principal de ce procès et le sujet
« de la condamnation; c'est donc que, se-
« lon vous-même, il y avait des preuves
« plus convaincantes sur ce chef que sur
« l'autre. Non, reprenez-vous; c'est tout
« le contraire. On n'a vu à Loudun qu'une

« misérable comédie dépourvue de toute
« vraisemblance.

« Hé bien ! je demande maintenant, à la
« face du ciel et de la terre, qu'on me dise
« pourquoi les juges se sont déterminés au
« chef de la magie plutôt qu'à l'autre chef?
« Une seule raison, qui ne soit point dé-
« mentie par le bon sens. Mais le réfugié,
« et son écho (1) n'ont point de réponse.
« Ils n'ont pas même prévu la question,
« tant ils avaient de jugement. Ainsi, que
« ces deux écrivains restent éternelle-
« ment couverts de la honte qu'ils méri-
« tent. »

Mais, M. La Menardaye, que voulez-vous
que l'on vous réponde? Vous assurez qu'il
n'y a point de réplique à vous faire ; et
vous êtes dans une télle colère, qu'il ne
paraît pas possible de se faire écouter de
vous. Je ne suis point l'apologiste des deux

______

(1) M. La Menardaye parle ici de l'auteur de
l'*Histoire des diables de Loudun*, etc., imprimée,
pour la seconde fois, à Amsterdam, 1716 ; et de
M. Gayot de Pitaval, qui a raconté cette histoire
à sa manière, dans le tome 2 de son recueil.

auteurs qui vous échauffent si fort la bile : mais il me semble que si j'avais été à leur place, et que j'eusse pu parvenir à me faire entendre, je vous aurais dit :

1° M. La Menardaye, vous apportez pour preuve ce qui est en question. Vous prétendez que les vingt-une dépositions, que vous assurez être bien articulées et bien soutenues, formaient la preuve complète des débauches sacriléges de Grandier. Mais vos connaissances profondes en fait de critique, et la promesse que vous nous aviez faite de nous donner des leçons sur cet art, auraient bien dû vous déterminer à nous mettre ces dépositions sous les yeux, et à les discuter, pour nous en prouver la véracité ; car je vous avouerai que le peu de connaissance que j'en ai me les rend fort suspectes. Ce sont, pour la plupart, des filles et des femmes qui déposent de leur propre turpitude ; et, instruit comme vous l'êtes, ou comme vous devez l'être, vous savez qu'en justice *nemo auditur propriam allegans turpitudinem*. Et vous voyez sans doute sur quels motifs est appuyé un axiome

si décent et si équitable. Vous auriez, entre autres, calmé nos inquiétudes sur la déclaration que fit Grandier, à la question,
au sujet d'Élisabeth Blanchard, l'un des
principaux de ces témoins, et sur le jugement qui condamna l'apothicaire Adam,
dont j'ai parlé ci-dessus. Si vous voulez
un peu reprendre votre sang froid, et m'é-
couter sans partialité, vous conviendrez
que tant que vous ne m'aurez pas prouvé
que ces deux témoins sont dignes de foi,
je n'en peux guère ajouter à une information dont ils n'ont pas été rejetés. Si vous
ne convenez pas de cette vérité, je vous
passerai, si cela vous fait plaisir, vos talens
en critique; mais je vous en croirai fort peu
en justice et en jurisprudence.

2° Je vous dirais qu'il était assez difficile
de reprendre une accusation sur laquelle
M. l'archevêque de Bordeaux avait statué
définitivement par une sentence d'absolution. On n'aurait pu alléguer d'autre prétexte que de nouvelles preuves survenues;
mais la seconde instruction à laquelle ce
prétexte aurait donné lieu n'aurait pu se

faire sans le concours du métropolitain qui
était saisi de l'affaire. L'évêque de Poitiers
ne pouvait plus s'en mêler, l'examen du
délit commun, quant à cet objet, étant
dévolu à son supérieur. Or, il paraît que
la façon de penser de ce prélat n'était pas
conforme aux vues que l'on avait sur Grandier.

3º J'ajouterais que, si l'on eût abandonné
la magie pour ne s'occuper que des débauches de l'accusé, les religieuses et les exorcistes étaient ruinés ; plus de pensions, plus
d'aumônes. Les choses d'ailleurs avaient
été poussées trop loin pour qu'il fût possible de reculer ; il y avait même du danger.
Les magistrats de Loudun, voyant condamner Grandier pour un autre motif que
pour la magie, auraient peut-être voulu
examiner de trop près des possessions qui
avaient tant causé de scandale, et si fort
compromis l'état et l'honneur de tant d'honnêtes gens ; et peut-être que les puissances
qui s'étaient crues intéressées à la perte de
Grandier étant satisfaites, se seraient peu
souciées de se donner de nouveaux mou-

vemens pour soutenir quelques ursulines, quelques jacobins, quelques capucins, etc.

Il est vrai, car il faut tout dire, que
vous avez trouvé, dans *l'extrait du registre
de la commission*, imprimé à Paris en 1634,
une pièce qui semble vous autoriser à soutenir que Grandier devait être également brûlé, soit comme magicien, soit comme débauché sacrilége; et qu'il avait trompé M. l'archevêque de Bordeaux, par des pièces
extorquées par la sollicitation et la séduction. J'ai rapporté précédemment le désaveu
de deux ecclésiastiques qui avaient été in-
duits à déposer contre lui; et voici ce
qu'on lit dans cet extrait : « Requête pré-
« sentée audit sieur évêque de Poitiers
« par Gervais Méchin et Martin Bouliau,
« prêtres, au pied de laquelle est l'acte à
« eux octroyé par ledit sieur évêque, de
« ce qu'ils ont reconnu et déclaré avoir
« été séduits et contraints, par plusieurs
« personnes d'autorité en ladite ville de
« Loudun, de révoquer le témoignage par
« eux rendu aux premières charges contre

« ledit Grandier, et de ce qu'ils ont sou-
« tenu ledit témoignage premier être véri-
« table. Et à ladite requête est attaché le
« modèle de la déclaration rendue par le-
« dit Méchin, révocatoire de soudit témoi-
« gnage, écrite de la main de René Gran-
« dier, frère dudit accusé, ainsi qu'il l'a
« reconnu au procès. »

A l'occasion de cette pièce, vous ne man-
quez pas, M. La Menardaye, de remarquer
judicieusement, et avec la modération qui
vous est ordinaire, qu'elle nous découvre
une imposture du réfugié, qui est des plus
complètes, des plus indignes, et des plus
pernicieuses à sa cause. Il l'a placée, ajou-
tez-vous, au mieux, pour abuser et séduire
ceux qui seraient si simples que de le croire
sur sa parole. Vous faites ensuite usage de
votre talent dans l'art de la critique, pour
nous découvrir les pensées secrètes de cet
auteur, et les raisonnemens qu'il a faits en
lui-même pour induire ses lecteurs en erreur.

Mais, sans examiner si M. l'évêque de
Poitiers était compétent pour répondre la
requête en question, j'aurais bien souhaité

que vous eussiez fait usage de ce même talent pour nous apprendre aussi à quelle
marque on peut connaître le moment où
l'on doit ajouter foi à un homme qui se
contredit trois fois sur le même fait. Vous
prétendez que la première rétractation de
Méchin était le fruit des menaces et du crédit des amis de Grandier. Mais ce curé avait-
il pour ami un évêque qui peut vexer ou
enrichir à son gré un simple prêtre qui
n'est que vicaire dans une paroisse, et qui
certainement aspire à un bénéfice? Avait-il
pour protecteur un conseiller d'État, armé
de tout le pouvoir suprême pour exercer la
vengeance d'un ministre irrité et tout puis-
sant? Vous faites beaucoup valoir la circonstance que le modèle de la première rétractation de Méchin était écrit de la main du frère
de Grandier. Mais les règles de la critique,
dont vous êtes professeur, empêchent-elles
de soupçonner que ce Méchin, voyant son
évêque déclaré contre son curé, voyant que
ce curé était dans une disgrace qui le mena-
çait d'une perte prochaine, se soit prêté aux
vues des ennemis qui étaient acharnés con-

tre ce curé? Mais les choses ayant changé de face., et les précautions que prenait M. l'archevêque de Bordeaux pour découvrir la vérité étant prêtes à la mettre dans tout son jour., n'a-t-il pas pu arriver que ce vicaire ait craint les suites d'un témoignage qui pouvait l'exposer à l'animosité et aux poursuites de son curé; et que, voulant le rétracter, il se soit adressé au frère même de Grandier, tant pour l'intéresser à sa réconciliation avec lui, que pour lui donner le modèle d'un acte que, par état, il était présumé pouvoir mieux rédiger qu'un autre? (il était au nombre des juges de Loudun.) J'aurais souhaité, encore une fois, M. La Menardaye, que vous nous eussiez donné la solution de tous ces doutes. Car on ne peut pas s'attendre que vous conveniez qu'ils sont fondés, vous qui dites formellement, page 58 de votre ouvrage, que quoique vous procédiez suivant les règles de la critique, votre objet n'est pas de justifier l'auteur de l'Histoire des diables de Loudun, mais uniquement d'examiner et mettre au jour ses impostures.

Voudriez-vous bien aussi nous apprendre,
sans vous écarter de votre objet, pourquoi,
lorsque l'on recommença les exorcismes pu-
blics, de l'autorité de Laubardemont, on ne
se conforma pas à l'ordonnance de M. l'archevêque de Bordeaux, du 27 décembre
1732? Je l'ai rapportée plus haut. Il semble
ble qu'on ne pouvait la mépriser sans bles-
ser toutes les règles de la hiérarchie, et
qu'elle prescrivait d'ailleurs les moyens les
plus sûrs de s'assurer de la vérité de la possession, et de fermer la bouche à tous ceux
qui se sont obstinés à douter de sa réalité,
ou même à la regarder comme frauduleuse.

Mais les vues de M. La Menardaye ne se
bornent pas à nous instruire des vraies règles de la critique; il les porte bien plus
loin : il veut se rendre utile à la religion,
à l'État, et même au repos des particuliers.

« Quand on viendra, dit-il en parlant
« des possessions en général, vous dire
« qu'on croit bien ces sortes de faits dans
« l'Évangile, mais non hors de là, comp-
« tez qu'ordinairement c'est une défaite
« hypocrite pour ne pas se déclarer ou-

« vertement impie, ou du moins pour se
« faire accroire à soi-même que l'on a en-
« core du respect pour l'Ecriture sainte.
« Car est-il possible que, si l'on avait une
« véritable foi à ce que l'Évangile rapporte
« là-dessus, on trouvât tant de répugnance
« à croire qu'il peut encore arriver pareille
« chose dans ce temps-ci? Mais si cette in-
« crédulité est nuisible à la religion, elle
« n'est pas moins pernicieuse au bien pu-
« blic et à celui des particuliers. »

Après avoir ainsi fait dépendre notre or-
thodoxie de là foi aux possessions moder-
nes, il parcourt tous les états chargés de
quelque administration , soit spirituelle,
soit temporelle.

Un confesseur qui n'aura pas cette foi
verra son pénitent attaqué d'une maladie
singulière; il laissera agir les médecins, qui
n'y connaîtront rien non plus : les voilà
qui se mettent aux trousses du pauvre malade, qui, par leurs remèdes, lui usent le
tempérament, et souvent le font mourir.
Tout cela ne serait point arrivé, si le confesseur eût examiné la chose selon les règles

de l'Église, qu'il en eût rendu compte aux supérieurs; enfin si on eût exorcisé le pénitent, puisque sa maladie n'était qu'une possession.

Il en rapporte pour preuve une madame B......, demeurant rue des Bourdonnais. Elle fut promenée à toutes les eaux du royaume : en dix-huit ans, elle fut saignée quatre cent quatre fois : en un mot, elle dépensa plus de cinquante mille livres en drogues; le tout inutilement. Le R. P. Gourdan (1) conseilla un pélerinage à Notre-Dame-de-Liesse en Picardie, où la malade fut guérie radicalement. De tout cela, le sieur La Menardaye conclut que la maladie de madame B..... était une vraie possession, et que, si on l'avait d'abord exorcisée, on lui aurait épargné ses voyages aux

(1) Simon Gourdan, chanoine régulier de Saint-Victor, vécut dans toutes les austérités de la vie religieuse. On a remarqué qu'il ne lui est arrivé qu'une fois de sortir de l'enceinte des murs de l'abbaye. Il prit beaucoup de part aux querelles qui agitèrent l'Église de France au sujet de la bulle *Unigenitus* ; et l'auteur que nous suivons est contraint d'avouer qu'il n'était pas de l'avis de M. le

eaux, ses quatre cent quatre saignées, et ses cinquante mille livres.

Ce judicieux auteur remarque ensuite très-sagement que les juges, en ne croyant point aux possessions, occasionent la désolation des États. Ils laissent les magiciens impunis ; et de là des stérilités, des famines, des mortalités générales d'hommes et de bestiaux ; et tout cela parce qu'on ne punit pas les magiciens, et que l'on ne fait point d'exorcismes dans les maisons et dans les champs. Nos hôpitaux sont pleins de fous : qu'on les exorcise tous, on verra que leur mal n'est que l'effet de la possession ; on les guérira, et on les rendra à la société. Voilà, j'espère, un critique sage et éclairé, un critique dont le livre peut servir de modèle en d'autres occasions.

Il y a plus : pour peu que les ministres de l'Église voulussent mettre les exorcismes en vogue, les gens pieux seraient délivrés du chagrin que leur causent les spectacles de bateleurs. Tous ces danseurs de corde,

cardinal de Noailles, c'est-à-dire qu'il était *appelant*. On a de lui plusieurs ouvrages de piété.

tous ces sauteurs, tous ces équilibristes (1), tous ces hommes qui font prendre à leurs membres tant de postures qui nous étonnent, sont autant de possédés qui n'exercent leurs tours de souplesse que par le secours du diable, qui est dans leur corps. Que l'on exorcise tous ces gens-là, ces spectacles finiront, et ceux qui les exercent seront rendus à des travaux honnêtes et utiles. Et c'est par cette découverte que M. La Menardaye résout l'objection qu'il prévoit, que les possédées de Loudun ne faisaient rien qui ne fût au-dessous de ce qu'exécutent les bateleurs.

Mais comme rien n'échappe aux lumières de ce maître en fait de critique, il nous apprend pourquoi il y a si peu de personnes qui voient des possessions dans tous les cas que nous venons de parcourir : c'est que, parmi les magiciens dont la terre est couverte, il y en a toujours un nombre qui s'engagent, par un pacte avec le diable, à mettre tout en œuvre pour détruire la

(1) Le mot n'était guère français alors ; n'importe, il rendait son idée, et cela suffisait.

croyance à la magie : ainsi quiconque la combat est magicien *ipso facto ;* et si les ministres de la justice remplissaient leur devoir en faisant le procès à tous ces incrédules, la magie n'aurait plus d'antagonistes; on verrait les possessions et les maléfices où ils sont; on ferait les exorcismes où il en faudrait; on ne verrait plus de fous, plus de maladies contagieuses, plus de stérilités, plus de baladins, plus de femmes tourmentées par les vapeurs : car j'ai oublié de dire que M. La Menardaye range encore cette maladie au nombre de celles qui n'ont que la possession pour principe.

Au reste, rien n'embarrasse M. La Menardaye; les difficultés les plus ardues ne font que lui fournir l'occasion de nous donner des leçons sur l'art de la critique. Il se propose, page 236, une objection qui aurait donné bien à penser à tout autre qu'à lui.

« L'auteur de l'Histoire des diables de
« Loudun, dit-il, fait par deux fois inter-
« roger les possédées sur les endroits où
« était Grandier alors : sur cela cet auteur

« dit qu'elles répondent faux. Mais ne
« peut-on pas conjecturer que c'est lui-
« même qui en impose ici ? car tout ce
« qu'on peut attendre d'un menteur aussi
« impudent, c'est qu'il dira le contraire
« de ce qui est, dans une occasion déci-
« sive comme celle-ci.

« Ne vous pressez pas tant de décider,
« reprend M. La Menardaye ; vous pour-
« riez vous tromper. Quoiqu'un écrivain
« soit reconnu pour un imposteur, cepen-
« dant les règles de la critique n'exigent
« pas qu'on l'accuse de mensonge aussitôt
« qu'il avancera quelque chose qui sera
« contre notre attente, lorsqu'on peut trou-
« ver les véritables raisons de ce qu'il avance.
« — Et comment se pourrait-il faire que ce
« qu'il avance là fût véritable ? — Quoi !
« vous n'en voyez pas encore la raison ?...
« — Mais à quoi servent donc les exorcis-
« mes, si le démon peut répondre tantôt
« vrai et tantôt faux ? — Ils servent à ma-
« nifester la prudence, la piété et la droi-
« ture des uns, et la vaine curiosité ou la
« duplicité des autres ; ils servent à mettre

« au jour, lorsque le démon énonce le
« faux, les mauvaises dispositions de ceux
« qui ne manquent pas, à la première ré-
« ponse fausse, de compter pour rien tout
« ce qu'ils ont vu précédemment de vrai et
« de décisif. Ils servent ainsi à les convain-
« cre d'une odieuse duplicité. Au lieu que
« la droiture de cœur et la justesse d'es-
« prit fait penser aux fidèles que si le dé-
« mon s'est une fois manifesté d'une ma-
« nière convaincante, surtout en répon-
« dant aux commandemens intérieurs, ou
« parlant une langue inconnue à la per-
« sonne vexée, on doit être convaincu sans
« retour de la réalité de la possession ; et
« toutes les illusions et mensonges qu'il
« fait ensuite sont inutiles pour prouver que
« les exorcistes sont dans l'erreur. Ainsi il
« n'est pas étonnant que le père du mensonge
« réponde le faux, pour tromper ceux qui
« l'interrogent mal à propos, et lui font
« des questions inutiles, surtout lorsqu'il
« a donné précédemment des preuves suffi-
« santes de sa présence. Ce serait s'abuser
« que de lui en demander d'autres, ou de

« plus éclatantes, à quoi le pouvoir de l'E-
« glise ne l'oblige pas ; et c'est ce qui trompe
« souvent les curieux dans ces occasions. Il
« est vrai que Dieu force quelquefois le dé-
« mon de se manifester par des marques si
« éclatantes, que personne n'ose les con-
« tredire ;..... mais ce sont des graces sin-
« gulières pour confondre les incrédules,
« et l'on ne doit point en faire une règle.
« Il faut s'en tenir aux preuves qui sont
« marquées dans les rituels de l'Eglise,
« toujours conduite par le Saint-Esprit.
« Ainsi il est très-possible que l'anonyme,
« sans être plus honnête homme pour cela,
« n'ait dit ici rien que de vrai, et que vous
« vous soyez trompé. »

Cette solution est assurément très-lumi-
neuse, et nous apprend parfaitement bien
à distinguer les faits que nous devons
croire dans un écrivain, d'avec ceux que
nous devons rejeter. Elle nous apprend
aussi à bien connaître, dans les possessions,
quand le diable dit la vérité, et quand il
reprend son caractère de menteur. Et c'est
d'après des règles aussi certaines que cet

auteur assure positivement (page 262) qu'on doit regarder comme une preuve de la réalité de la possession la démarche que fit la supérieure de faire amende honorable sous une gouttière, la corde au cou, et de vouloir se pendre ensuite, parce que ces choses n'arrivaient pas dans le temps où l'esprit de ces religieuses était tranquille, mais toujours au milieu des exorcismes.

Mais copions encore la preuve qu'il donne de sa proposition. On ne peut se lasser de copier un auteur si lumineux. « L'ennemi le plus cruel, dit-il, aurait-il « jamais pu rien controuver de plus noir « que les crimes dont elles se chargent « elles-mêmes? Elles s'accusent de porter, « contre un prêtre innocent, un faux té- « moignage qui le fait périr dans le sup- « plice du feu, et de se jouer publique- « ment de Dieu et de la religion. Quelles « horreurs! Si la conscience leur repro- « chait si violemment ces iniquités, com- « ment ont-elles pu les commettre si per- « sévéramment, et réunir sans cesse le

« crime et le repentir? Mais avec qui s'en-
« tendaient-elles, pour faire de pareilles
« déclarations? Assurément ce n'était pas
« avec leurs exorcistes, ni avec M. de
« Laubardemont, et les officiers de la
« commission, non plus qu'avec les gens
« du roi, et les autres honnêtes gens de la
« ville qui s'intéressaient pour leur couvent.
« Avec qui donc, encore une fois? A qui
« leurs déclarations pouvaient-elles faire
« plaisir, sinon aux incrédules, pour leur
« donner le change, et les aveugler encore
« davantage, et à ceux qui auraient été
« bien fâchés de voir la vérité? Preuve
« admirable de la réalité de cette pos-
« session. »

Cette preuve est admirable, sans doute;
et il faut être bien endurci dans l'aveugle-
ment pour ne pas s'y rendre. J'aurais désiré cependant que, pour plus d'éclaircissement seulement, M. La Menardaye nous
eût expliqué pourquoi la sœur Claire, et
quelques autres dont j'ai parlé plus haut,
après avoir assuré qu'elles n'étaient point
possédées, et *invoqué le vrai Dieu créa-*

teur du ciel et de la terre, tinrent la parole qu'elles donnèrent de ne plus reparaître aux exorcismes, quoiqu'elles eussent fait ces déclarations, et même pris la fuite au milieu de la cérémonie, et sans que le diable, qui les faisait ainsi parler, ait été chassé depuis?

Avant de finir, je copierai encore ici une lettre que M. La Menardaye a fait imprimer au nombre de ses preuves. Ceux qui n'ont pas lu son ouvrage, et qui ne la connaissent pas, la trouveront singulière.

Lettre de M. de La Court, prêtre missionnaire apostolique dans la Cochinchine, à M. Winslow, docteur en médecine de Paris, de l'Académie des sciences, etc.

« Monsieur,

« Je ne puis enfin refuser à votre empressement d'avoir par écrit le détail de ce qui s'est passé au sujet du Cochinchinois possédé, dont j'ai eu l'honneur de vous parler. J'avais cependant résolu de

« ne le donner à personne, et je l'ai même
« refusé aux instances pressantes de plu-
« sieurs de mes amis. Nous sommes dans
« un temps si critique, que ce qui devrait
« servir à notre édification a un effet tout
« contraire, tant l'esprit d'incrédulité est
« devenu à la mode : mais ce que j'ai refusé
« à d'autres, je le dois à votre piété, et
« aux bontés dont vous m'honorez. Voici
« donc le fait dans ses principales cir-
« constances, tel que je l'ai vu de mes
« propres yeux.

« L'an 1733, environ vers le mois de
« mai ou juin, étant dans la province de
« Chum, royaume de Cochinchine, dans
« l'église d'un bourg qu'on appelle Kechu,
« distant à une demi-lieue environ de la
« capitale de la province, l'on m'amena
« un jeune homme de dix-huit à dix-neuf
« ans, chrétien, habitant d'un village
« qu'on nomme Dodo, situé dans la même
« province, et éloigné de l'église où j'étais
« de sept à huit lieues environ. Sa mère,
« et quelques uns de ses parens, avec le
« catéchiste du lieu, et quelques autres

3.   10

« chrétiens, étaient ses conducteurs, et
« me dirent qu'il était possédé du démon,
« m'assurant qu'ils avaient été obligés
« d'employer toutes leurs forces pour le
« conduire, et qu'à mesure qu'ils appro-
« chaient de mon église, ses résistances
« redoublaient ; qu'arrivés enfin au petit
« hôpital qui est voisin de l'église, ils
« avaient été obligés de l'y laisser, ne pou-
« vant, avec tous leurs efforts, le faire
« passer outre. Un peu incrédule, je pour-
« rais même dire, à ma confusion, trop
« pour lors (à cause de mon peu d'expé-
« rience dans ces sortes de choses, dont
« je n'avais jamais vu d'exemple, et dont
« néanmoins j'entendais parler souvent aux
« chrétiens), je les questionnai, pour savoir
« s'il n'y aurait pas de la simplicité ou de
« la malice dans leur fait. Voici ce qu'ils
« me répondirent : Un mois auparavant,
« ce jeune homme, après avoir commu-
« nié, on le vit sortir de l'église, et il dis-
« parut du village pendant trois semaines
« environ, sans qu'on sût ce qu'il était
« devenu. Un de ses concitoyens le trouva

« enfin, lorsqu'il y pensait le moins, pro-
« che d'une montagne, extrêmement agité,
« et répétant sans cesse : *Je suis Judas,*
« *j'ai vendu Jésus-Christ.* S'il voyait une
« pierre, il la prenait en main, disant que
« c'était pour casser la tête à Judas ; s'il
« trouvait un bâton, c'était pour assom-
« mer Judas ; un couteau, c'était pour l'é-
« ventrer, etc. Ils ajoutèrent que ce con-
« citoyen étant allé chercher du monde,
« on l'avait conduit à l'église de son vil-
« lage, où le catéchiste ayant assemblé les
« chrétiens, ils se mirent tous en prières
« pour lui, et que plus ils priaient, plus
« il était agité de contorsions et de mouve-
« mens convulsifs ; et qu'enfin, trois jours
« s'étant passés en prières inutilement, ils
« s'étaient résolus de me l'amener, pour lui
« faire les prières de l'Église.

« Sur cet exposé, après quelques dif-
« ficultés, je me transportai dans l'hôpital
« où était ce jeune homme, bien résolu
« de ne rien croire, à moins que je ne
« visse des marques au-dessus des efforts
« de la nature ; et au premier abord je

« l'interrogeai en latin , dont je savais bien
« qu'il ne pouvait avoir aucune teinture.
« Étendu qu'il était à terre , bavant ex-
« traordinairement, et s'agitant avec force,
« il se leva aussitôt sur son séant , et me
« répondit très-distinctement : *Ego nescio*
« *loqui latinè.* Ma surprise fut si grande,
« que, tout troublé, je me retirai épou-
« vanté sans avoir le courage de l'inter-
« roger davantage , dans la crainte où
« j'étais que, n'étant point instruit sur ces
« sortes d'énergumènes, le démon ne m'em-
« barrassât. Je recourus à mes livres ; et
« n'y trouvant rien qui pût me donner
« aucune lumière pour la conduite que
« j'aurais à tenir, je m'en tins à mon ri-
« tuel. Après avoir balancé long-temps si
« je l'entreprendrais, je m'y résolus à la
« fin , dans la crainte de manquer à une
« occasion que la Providence faisait peut-
« être naître pour faire éclater la gran-
« deur et la vérité de notre sainte religion,
« qui donne le pouvoir à ses ministres sur
« les démons, qui sont si redoutés par ces

« peuples gentils, qui les adorent et leur
« sacrifient pour qu'ils ne leur nuisent
« pas. Après les préparations indiquées par
« le rituel, je l'envoyai chercher, pour le
« conduire dans l'église, où il s'était fait un
« grand concours de peuples chrétiens et
« gentils. Inutilement s'efforça-t-on ; on
« ne put le faire mouvoir de sa place ; il
« jetait des hurlemens horribles. J'y fus
« donc avec mon surplis et mon étole, que
« je lui attachai au col ; et, au grand éton-
« nement de tout le monde, il me suivit
« doux comme un agneau ; mais à peine
« fut-il dans l'église, qu'il commença à
« s'agiter extraordinairement.

« Je commençai par de nouveaux com-
« mandemens probatifs, observant tou-
« jours de lui parler latin, que le jeune
« homme ignorait ; et ayant, entre autres,
« commandé au démon de le jeter par
« terre sur-le-champ, je fus obéi dans le
« moment. Mais il le renversait avec une
« si grande violence, tous ses membres
« tendus et roides comme une barre,

« qu'on aurait cru , par le bruit , que c'é-
« tait plutôt une poutre qu'un homme
« qui tombait.

« Lorsque je lui présentais le crucifix ,
« c'était des grimaces et des cris terribles.
« Sa poitrine s'élevait en s'enflant de plus
« de quatre doigts , et il écumait avec une
« rage qui épouvantait tout le monde.
« Ayant demandé au démon combien ils
« étaient , il me répondit douze , sans ja-
« mais varier dans la suite des exorcismes.
« Sur l'interrogation que je lui fis pour-
« quoi ils étaient entrés , il ne me répondit
« jamais qu'en me disant qu'il était un Ju-
« das , qu'il avait trahi son maître ; et
« toutes les fois qu'il répétait ces paroles ,
« c'était avec des redoublemens de rage
« extraordinaires. Lorsque j'en vins aux
« commandemens expulsifs , il se moqua
« de moi , en me disant : Tiens, voilà que
« je sors ; et crachant : Compte, me di-
« sait-il , en voilà un ; et recrachant : En
« voilà deux, continuant jusqu'à douze ,
« et reculant, à mesure, quatre pieds vers
« la porte : là, il embrassa les pieds d'un

« chrétien avec tant de force, que ce chré-
« tien ne put s'en débarrasser ; et, en le
« serrant, il disait : C'est ici mon bon ami ;
« et, après l'avoir répété plusieurs fois, il
« commença, devant tout le monde, le
« narré de sa vie passée, et aurait décou-
« vert tout ce qu'il avait fait de plus se-
« cret, si je ne lui eusse imposé silence.
« Ce qui effraya tellement tous les assis-
« tans , qu'ils s'enfuirent tous hors de l'é-
« glise , et que pas un depuis n'osa assister
« aux exorcismes. Malgré la curiosité qu'ils
« avaient , ils se contentaient de se tenir
« en dehors aux portes et aux fenêtres, et
« à peine pouvais-je avoir un clerc.

« Après huit ou dix jours d'exorcismes
« inutiles, lassé et confus même devant les
« chrétiens de ne rien avancer, je l'en-
« voyai à deux autres missionnaires qui
« étaient dans la même province : l'un
« était un jésuite, et l'autre un francis-
« cain, qui, s'étant assurés comme moi
« par des signes certains qu'il était vérita-
« blement possédé, me le renvoyèrent ,
« refusant constamment de s'en charger.

« Je commençai à comprendre qu'il fal-
« lait disposer l'énergumène par la confes-
« sion et la pénitence ; et *malgré* qu'il fût
« intraitable, je m'y attachai, bien résolu
« de ne passer à aucun commandement
« expulsif qu'il ne fût réconcilié avec Dieu.
« La difficulté fut très-grande, car le dé-
« mon lui faisait oublier jusqu'au signe de
« la croix ; et ce n'était qu'à force de com-
« mandemens réitérés que j'en pouvais ti-
« rer quelque chose. Je fus plus de huit
« jours à lui faire faire une confession gé-
« nérale, tenant des séances de trois et
« quatre heures. Enfin, je crus être obligé
« de lui commander de dire publiquement,
« avant de communier, pourquoi il avait
« été saisi du démon. Voici ce qu'il dit :
« *Le R. P. Philippe* (c'est le franciscain
« dont j'ai déjà parlé) *étant venu dans*
« *notre église pour y administrer ma*
« *mère, m'obligea, malgré moi, de me*
« *confesser, et de faire ma première com-*
« *munion. Par honte, je cachai plusieurs*
« *péchés, et fus le lendemain à la sainte*
« *table en cet état. Aussitôt que j'eus reçu*

« le corps de Notre-Seigneur sur la lan-
« gue, je me sentis comme saisi et trans-
« porté hors de moi-même : je sortis de
« l'église, et je fus jusqu'au milieu du
« jour sans pouvoir avaler la sainte hos-
« tie, ne sachant pas même ce qu'elle est
« devenue, ni si je l'ai avalée, ou non.
« C'est ainsi que Dieu m'a puni. Prenez
« exemple de moi. Il dit ces paroles avec
« tant de douleur, que tout le monde
« fondit en larmes ; et un moment après
« il communia avec assez de tranquillité ;
« car depuis qu'il eut reçu l'absolution,
« il avait des intervalles d'une paix pro-
« fonde, et des sentimens de piété et de
« pénitence qui étonnaient tout le monde.

« Je recommençai les exorcismes ex-
« pulsifs, comme auparavant, et je les
« continuai pendant plus d'un mois, sans
« avancer autre chose, sinon que les bons
« momens d'intervalle devenaient plus fré-
« quens, et étaient plus longs. Lassé (je
« le dis à ma honte) et fatigué d'une si
« longue résistance, craignant même que
« les bonnes impressions qu'avaient faites

« aux assistans les premières obéissances à
« mes commandemens ne diminuassent , je
« pris la résolution de faire un dernier ef-
« fort ; ce fut d'imiter l'exemple de M. l'é-
« vêque de Tripoli dans une pareille oc-
« casion.

« Je m'avisai donc , dans un exorcisme,
« de commander au démon , en latin , de
« le transporter au plancher de l'église ,
« les pieds premiers et la tête en bas. Aus-
« sitôt son corps devint roide , et , comme
« s'il eût été impotent de tous ses mem-
« bres, il fut traîné du milieu de l'église à
« une colonne ; et là , les pieds joints, et
« le dos collé à la colonne , sans s'aider de
« ses mains , il fut transporté en un clin
« d'œil au plancher, comme un poids qui
« serait attiré d'en haut avec vitesse , sans
« qu'il parût qu'il agît. Suspendu au plan-
« cher, les pieds collés , la tête en bas, je
« fis avouer au démon , comme je me
« l'étais proposé pour le confondre , l'hu-
« milier et l'obliger à quitter prise , la
« fausseté de la religion païenne. Je lui fis
« confesser qu'il était un trompeur ; et ,

« en même temps, je l'obligeai d'avouer la
« sainteté de notre religion, le pouvoir du
« Dieu que nous adorons, et de ses mi-
« nistres, etc. Je le tins plus d'une demi-
« heure en l'air ; et n'ayant pas eu assez
« de constance pour l'y tenir plus long-
« temps, tant j'étais effrayé moi-même de
« ce que je voyais, je lui ordonnai de le
« rendre à mes pieds, sans lui faire mal.
« Il me le jeta sur-le-champ, comme un
« paquet de linge sale, sans l'incommoder ;
« et, depuis ce temps-là, mon énergu-
« mène, quoique pas entièrement délivré,
« fut de beaucoup soulagé, et chaque jour
« ses vexations diminuaient. Mais surtout
« lorsque j'étais à la maison, il paraissait
« si raisonnable qu'on l'aurait cru entière-
« ment libre ; il était même le premier à
« me dire qu'il se croyait entièrement dé-
« livré. Cependant, lorsque le besoin des
« chrétiens m'appelait ailleurs, pendant
« mon absence il était de temps en temps
« vexé ; et communément on connaissait
« mon retour prochain par ses manières
« plus tranquilles et ses discours. J'étais

« même sûr de le trouver toujours le pre-
« mier à la porte pour m'accueillir. Il resta
« l'espace environ de cinq mois dans mon
« église ; et, au bout de ce temps, il se
« trouva enfin délivré imperceptiblement ;
« et c'est aujourd'hui le meilleur chrétien
« peut-être qu'il y ait en Cochinchine.

« Je n'en aurais peut-être jamais parlé
« en France, si le petit Cochinchinois, que
« j'avais amené avec moi pendant mon sé-
« jour à Rome, ne l'eût raconté dans notre
« séminaire d'une manière assez peu intel-
« ligible, à cause de son peu de facilité à
« parler français ; ce qui obligea nos mes-
« sieurs de me contraindre de leur en faire
« un récit plus juste. M. l'abbé Bourgine,
« qui est revenu cette année de Cochin-
« chine, et qui a appris le fait des chré-
« tiens, peut rendre témoignage à la vérité
« de ce que je viens de vous avancer,
« pour votre propre satisfaction et la plus
« grande gloire de Dieu, auquel je vous
« prie de me recommander, ayant l'hon-
« neur d'être, etc.

« A Paris, ce 25 novembre 1738. »

On croit bien fermement que c'est sur l'original même qu'on lui avait communiqué que M. La Menardaye fit imprimer cette lettre; et il n'est pas douteux que ce bon M. La Menardaye savait bien sûrement qu'elle était de la main du missionnaire dont elle porte le nom. Car on n'oserait penser qu'un tel critique ait pu négliger aucun moyen de s'assurer de la vérité de cet écrit et de son authenticité, avant de le livrer au public. Quoi qu'il en soit, M. La Menardaye produit cette lettre pour prouver la vérité de la possession de Loudun; et sur ce, j'avoue que je n'ai plus rien à dire, car si cette preuve n'est pas probante, on reconnaîtra du moins qu'elle est pertinente, et parfaitement appropriée au sujet.

———

PROCÈS DU SIEUR D'ANGLADE
ET DE SA FEMME.

Le comte et la comtesse de Montgommery occupaient le rez-de-chaussée et le
premier étage d'une maison rue Royale,
proche la Bastille, à Paris. Ce rez-de-chaussée consistait en trois pièces, dont chacune
avait son entrée dans une allée qui abou-
tissait de la porte cochère à la cour. L'aumônier, nommé Gagnard, le page et le
valet de chambre, logeaient dans une ; les
deux autres servaient à différens usages. Sur
la gauche de l'allée, et vis-à-vis de ces trois
portes, était l'escalier qui conduisait à l'appartement du comte et de la comtesse. Cet
appartement était composé, entre autres,
d'une antichambre, d'une chambre, de laquelle on passait dans un cabinet où ils dé-
posaient leur argent et leurs bijoux.

Le comte avait reçu, depuis peu, une somme considérable d'argent, consistant en un sac de onze mille cinq cents livres en pistoles d'Espagne, treize sacs de mille louis chacun, et cent louis au cordon dans un autre sac. Le tout était, avec un collier de perle, dans une malle de campagne, placée dans le cabinet. Ces louis au cordon avaient été frappés en 1686 et 1687, et étaient recherchés pour la beauté du coin.

Un particulier, nommé Laurent Guillemot d'Anglade, et sa femme, nommée Françoise de Saint-Martin, avaient leur appartement au-dessus de celui du comte de Montgommery, et occupaient en outre le second, le troisième et le quatrième étage.

De l'autre côté de la cour était un autre corps de logis, composé de quelques chambres, occupé par la sœur du sieur d'Anglade, la belle-sœur du comte, la femme de chambre de la comtesse, et des brodeuses qui faisaient un meuble pour M. de Montgommery.

On ne parlera point de la naissance et de l'état du comte de Montgommery; cette maison est suffisamment connue : mais il est indispensable de faire connaître son colocataire.

Laurent Guillemot d'Anglade, né de basse extraction, vivait sur le ton d'un homme dont la haute naissance aurait été soutenue par l'opulence. Il craignait tellement de faire connaître son origine, que, dans le cours du procès dont on va parler, il n'en dit jamais autre chose, sinon qu'il ignorait de quelle profession était son père ; que tout ce qu'il en savait, c'est qu'il ne portait pas les armes. Toute sa fortune consistait dans le revenu du greffe de la bourse de Bayonne, produisant seize cent cinquante livres par an ; et dans les intérêts de six mille livres que lui devait le duc de Gramont.

Cependant il prenait avec confiance la qualité de gentilhomme ; il parlait sans cesse de son château d'Anglade, qui n'était en effet qu'une chaumière ruinée et sans revenu ; il occupait un appartement considérable, avait plusieurs domestiques, entretenait un carrosse, était lié avec les personnes de la première distinction , jouait très-gros jeu , et prêtait sur gages. Au reste il paraissait mener une vie douce, aisée, et fuir avec soin les peines et les inquiétudes. Il affectait par dessus tout des airs de hauteur, soutenus par l'étalage fastueux de sa prétendue naissance, et par le luxe de son train.

Ces travers n'avaient porté aucune atteinte à sa réputation, qui était intacte quant à la probité, et tellement affermie, que, jusqu'au moment de la catastrophe qui l'a conduit au supplice , elle avait suffi pour le garantir de l'idée même d'un soupçon qui aurait pu tomber naturellement sur lui. Le sieur d'Anglade avait été principal locataire de la maison où il logeait avant que le comte de Montgommery y entrât, et avait sous-loué le premier appartement au sieur Grimaudet. On vola à celui-ci de la vaisselle d'argent ; et le vol serait devenu sans doute bien plus considérable par la suite, s'il ne s'était aperçu qu'on lui avait pris aussi une clé de la première chambre. Le coupable n'a jamais été découvert, et personne ne s'est avisé d'imaginer qu'on pût l'imputer au sieur d'Anglade.

Quant à sa femme, elle n'est connue que par une vie honnête, et par son attachement pour son mari, pour ses enfans, et pour son ménage.

Le comte et la comtesse de Montgommery, d'Anglade et sa femme, vivaient ensemble dans une liaison de bienséance telle qu'elle subsiste ordinairement entre des voisins bien nés, sans que les sentimens du cœur entrassent pour rien dans leur commerce.

Le comte de Montgommery possédait la terre de Villebousin, proche Montlhéry. Il invita un jour le sieur d'Anglade et sa femme d'y aller passer quelque temps avec lui et la comtesse. Ils acceptèrent d'abord ; mais ensuite ils s'en excusèrent, sur un prétexte assez frivole.

Le comte et la comtesse partirent le soir du lundi 22 septembre 1687, et annoncèrent qu'ils ne seraient de retour que le jeudi suivant, au soir. Ils emmenèrent avec eux François Gagnard, prêtre manceau, leur aumônier, et tous leurs domestiques, à l'exception d'une femme de chambre nommée Forménie, d'un petit laquais, et des quatre filles qui travaillaient à la broderie. La clé de la première porte de l'appartement fut confiée à la femme de chambre. L'aumônier ferma, à double tour, celle de la salle où il couchait, et emporta la clé.

Il faut remarquer, avant que d'aller plus loin, que d'Anglade et sa femme n'ignoraient pas que le comte de Montgommery avait chez lui une somme considérable d'argent ; ils lui en avaient même proposé un emploi : ce fait fut reconnu au procès comme constant, et avoué même par les accusés.

Il paraît qu'il n'y avait point de portier dans la maison, et que les domestiques du comte de Montgommery en faisaient les fonctions. D'Anglade, sous prétexte qu'il soupait tous les jours en ville, se fit remettre les clés de la porte de la rue. Cependant il n'en fit pas usage le mardi, jour du vol dont on va parler, puisque, contre son ordinaire, il soupa chez lui.

Le comte et la comtesse revinrent un jour plus tôt qu'ils ne l'avaient annoncé. Le comte a allégué depuis qu'il avait eu l'esprit frappé, parce qu'il avait trouvé du sang sur une nappe et sur une serviette; qu'il avait regardé ces taches comme un mauvais présage, et s'était déterminé à partir, par un secret pressentiment de son malheur. L'aumônier, le page et le valet de chambre, qui venaient à cheval, arrivèrent après leurs maîtres. L'aumônier trouva que la porte de leur chambre commune n'était que tirée, sans être fermée, quoiqu'elle eût toujours paru l'être pendant l'absence du comte et de la comtesse, et qu'il l'eût effectivement fermée à double tour, et eût emporté la clé.

Cette circonstance, qui fut remarquée par tous les domestiques, tant ceux qui étaient restés que ceux qui avaient été du voyage, ne fit pas grande impression dans le moment. Le comte et la comtesse se mirent à souper dans une des salles basses destinée à cet usage.

Ils étaient encore à table, lorsque le

sieur d'Anglade rentra chez lui, à onze heures du soir, accompagné des abbés de Villars et de Fleury, avec lesquels il avait soupé chez la présidente Robert. Il s'arrêta pour causer avec eux ; et, quelque temps après, la dame d'Anglade vint prendre part à la conversation. Chacun se retira chez soi, sans qu'il fût question d'aucun accident.

Le lendemain au soir, le comte rend plainte au sieur Deffita, lieutenant criminel au Châtelet. Il expose que, pendant son absence de trois jours, on avait forcé la serrure d'un coffre de campagne, où on avait pris treize sacs de mille livres chacun en argent blanc, onze mille livres en or en pièces de deux pistoles, cent louis d'or neufs et au cordon, et un collier de perles valant quatre mille livres.

Le lieutenant criminel, le procureur du roi et un commissaire se transportèrent sur les lieux. Ces trois officiers, n'ayant trouvé aucune fraction aux portes et aux serrures de l'appartement, se persuadèrent d'abord que le vol n'avait pu être commis qu'à l'aide de doubles clés, et par des gens de la maison : d'où ils conclurent qu'il fallait en visiter tous les appartemens.

Le sieur d'Anglade et sa femme se réunissent pour demander que la visite se fasse d'abord chez eux. Le mari conduit lui-même les officiers dans tous les lieux qu'il occupe. On ouvre les cabinets, les coffres, les tiroirs ; on fouille dans les lits, dans les matelas, dans les paillasses : on ne trouve rien. On monte au grenier ; la dame d'Anglade s'excuse d'y monter, sous prétexte d'une défaillance qui la retient. On découvre, dans un vieux coffre plein de hardes et de linge, un rouleau de soixante-dix louis au cordon, enveloppés dans un papier imprimé, où étaient les restes d'une généalogie que le comte dit être la sienne. Il ajouta que ces louis faisaient partie de ceux qui lui avaient été volés ; que les siens étaient, ainsi que ceux-là, de 1686 et 1687, circonstance dont il avait oublié de faire mention dans sa plainte. On demanda à d'Anglade d'où provenaient ces louis ; d'Anglade ne put le dire, et répondit seu-

lement qu'il en rendrait bon compte. Le
lieutenant criminel saisit ces louis, pour
être déposés comme pièces de conviction.
Le sieur d'Anglade les compta lui-même,
avant que le juge s'en emparàt. En les
comptant, il sentit sa main trembler, et
dit : « Je tremble. » Des domestiques, qui
étaient présens, déclarèrent alors, et ont
répété depuis dans l'information, que d'Anglade avait paru surpris à l'arrivée du comte,
et que sa femme resta comme interdite à
la première nouvelle qu'elle en apprit.

La dame d'Anglade, lorsque tout le monde fut descendu du grenier, fit remarquer
au lieutenant criminel que la porte de la
salle où couchaient l'aumônier, le page et
le valet de chambre, avait été tirée seulement, et non fermée ; ajouta qu'il fallait
s'attacher au valet de chambre, qu'on pourrait trouver là quelque chose, et qu'il pourrait bien être coupable du vol. La précipitation avec laquelle cette femme accuse un
homme, dans le temps que le comte de
Montgommery lui-même n'osait encore fixer
ses soupçons sur personne, causa de la sur-

prise au juge. Cette surprise s'accrut encore quand le comte eut assuré que son valet de chambre l'avait suivi à la campagne, et n'en était arrivé qu'après lui. La femme d'Anglade s'obstina contre ce domestique, et repartit qu'il avait peut-être fait cacher quelqu'un dans sa chambre pour faire le vol. Mais comment ce voleur, ainsi caché, aurait-il pu transporter les effets volés, la clé de la porte de la rue étant entre les mains de d'Anglade et de sa femme ? La même observation servit de justification à la demoiselle de Forménie, qui, comme on l'a dit, était restée à la maison pendant l'absence de ses maîtres, et avait été dépositaire de la clé de la première porte de l'appartement.

Après ce colloque, on fit la visite dans la chambre que la dame d'Anglade désirait si fort que l'on examinât. L'on y trouva dans un coin cinq sacs de mille livres complets, et un sixième dont on avait enlevé deux cent dix-neuf livres dix-neuf sous.

Cette découverte, loin de détourner les soupçons, ne fit que les accumuler et les fixer sur la tête de d'Anglade et de sa femme. Ayant été principal locataire de la maison, il était très-possible qu'il se fût muni de doubles clés de tous les appartemens; de là le vol fait, sans fracture, au sieur Grimaudet et au comte de Montgommery, avec la même facilité, sans forcer aucune serrure que celle de la malle qui contenait les effets enlevés : le voleur n'avait pu se procurer la clé d'un coffre qui n'avait jamais été à sa disposition. D'Anglade et sa femme savaient que le comte possédait une grosse somme d'argent, et en connaissaient la quotité; ils avaient offert eux-mêmes de lui en procurer l'emploi. Ayant accepté la partie de campagne qui leur avait été proposée, ils s'en excusent sur un prétexte frivole, afin de rester seuls maîtres de la maison pendant l'absence du comte et de la comtesse; et, pour en disposer plus facilement, ils se font remettre la clé de la porte de la rue, dont les gens du comte étaient ordinairement chargés, et qu'on aurait pu confier au petit laquais, qui n'avait pas suivi ses maîtres, et qui aurait suffi pour ouvrir la porte au sieur d'Anglade , à quelque heure qu'il eût voulu se retirer. Mais ils avaient besoin de cette clé, soit pour être sûrs qu'il n'entrerait personne qui ne fût utile à leur dessein , soit pour avoir la facilité de transporter les effets volés, et de les mettre à l'abri des perquisitions. Le sieur d'Anglade , qui soupait tous les jours hors de chez lui, n'en sort point ce jour-là. Cependant, tandis que lui et toute sa famille sont au second étage, que ses domestiques montent et descendent l'escalier pour leur service, on ouvre les portes du premier , dont il sait que les maîtres sont absens ; on va, on vient, pour transporter les effets volés ; on referme les portes ; et tout ce mouvement et le bruit qui l'accompagnait nécessairement , quelque précaution que l'on prît, se font sans que ni lui ni ses gens voient ou entendent rien ! Il a un nombre de louis qui étaient pour lors rares et recherchés ; on en a volé de pareils au comte, et d'Anglade ne peut dire d'où proviennent les siens ! et où sont-ils cachés ? dans un grenier, dans un coffre destiné à contenir le rebut du linge et des

habits ; dans un lieu enfin où il n'était pas
probable que l'on allât chercher un dépôt
précieux. Cette considération, jointe au
prétexte que donna la femme de d'Anglade
pour se dispenser d'assister à la perquisition
qui s'allait faire dans son grenier, ne fait-
elle pas présumer qu'elle redoutait la découverte des effets volés ?

La masse de ces présomptions avait encore été grossie par les apparences d'inquiétude et d'effroi que le mari et la femme n'a-
vaient pu cacher, en apprenant le retour
inattendu du comte et de la comtesse. D'Anglade, par des circonstances que les ténèbres dont les voleurs enveloppent toujours
leurs actions ne permettaient pas de découvrir, n'avait pas eu le temps de transporter en lieu sûr l'argent qui se trouva encore
dans la maison : il comptait qu'un jour de
plus lui faciliterait la consommation de son
crime. A la nouvelle de l'obstacle imprévu
qui s'y opposait, sa femme et lui ne purent
comprimer les signes de leur terreur : non-
seulement les sacs qui restaient dans la maison échappaient à leur avidité, mais ils de-

venaient contre eux des témoins muets de leur crime. La femme imagina de tirer parti de cette conjecture pour détourner les soupçons sur les innocens ; mais elle ne fut pas adroite. Les trois domestiques qu'elle voulait inculper avaient été, pendant tout le voyage, sous les yeux de leur maître et de leur maîtresse ; il était donc impossible qu'ils eussent ouvert la porte de leur chambre pendant leur absence. C'était l'un d'entre eux qui l'avait fermée à double tour, et qui avait emporté la clé à Villebousin : le fait était constant. Si les dépositaires de cette clé n'avaient pu ouvrir la porte, attendu leur absence, il fallait nécessairement qu'elle l'eût été avec une fausse clé ; et cette démarche périlleuse n'aurait eu aucun objet, sans la clé de l'appartement où les effets volés et transportés dans cette chambre étaient enfermés. La même personne était donc nantie de toutes les fausses clés nécessaires pour faire le coup, et le soupçon de la contrefaction des clés ne pouvait tomber, comme on l'a vu, que sur d'Anglade et sa femme. Loin donc que l'argent trouvé dans cette

chambre fût un indice contre ceux qui y
logeaient, il déposait contre la dame d'Anglade et son mari; et les instances de cette
femme pour y faire perquisition prouvent
seulement qu'elle était bien sûre qu'on y
trouverait des vestiges du vol, et qu'elle ima-
ginait que le lieu de cet entrepôt lui étant
étranger, cette circonstance mettrait les
coupables à l'abri du soupçon, et le fixerait
sur les innocens.

Toutes ces idées combinées formèrent
dans l'esprit du lieutenant criminel un
corps de conviction si frappant, qu'il ne
put s'empêcher de dire au sieur d'Anglade : « Ou vous ou moi avons commis ce
« vol. » L'attention de ce juge s'attacha
tellement sur d'Anglade et sa femme, qu'il
crut qu'il était superflu de faire la visite
dans les autres appartemens, surtout quand
le comte lui eut dit qu'il répondait de ses
gens. Le sieur Deffita ordonna, à la réquisition du comte, et du consentement du
procureur du roi, qu'il serait informé contre ces deux accusés, et qu'ils seraient con-
titués prisonniers.

Avant de les conduire en prison, on les fouilla, et l'on trouva dans la bourse de d'Anglade dix-sept louis d'or et une double pistole d'Espagne. Nouvelle circonstance encore agravante : une portion considérable des effets volés au comte de Mont-gommery consistait en pistoles.

Le mari fut conduit au Châtelet, et la femme au Fort L'Evêque. Ils sont écroués, enfermés dans des cachots, avec défenses aux geôliers, sous de rigoureuses peines, de les laisser parler à qui que ce soit.

La compétence fut jugée, et il fut or-donné que le procès serait fait aux accusés par jugement dernier, attendu, est-il dit dans cette sentence, qu'il s'agit de vol avec effraction.

Les indices que l'on vient de détailler furent encore fortifiés par l'information, et par les interrogatoires des accusés.

L'information et l'addition d'informa-tion furent composées de la sœur du comte, de celle de la comtesse, et de leurs domestiques. Deux de ces témoins dépo-sèrent avoir vu d'Anglade, lors de l'arrivée et après l'arrivée du comte, près de la porte du lieu où couchait le valet de chambre. Cependant il était constant qu'il n'avait paru apprendre ce retour qu'à onze heures du soir, en rentrant de souper en ville. Que faisait-il à cette porte? pourquoi se soustraire, en ce moment, à la vue de son voisin, et feindre de n'apprendre son arrivée que plusieurs heures après l'avoir vu de ses propres yeux?

Si les circonstances directement relatives à l'objet du procès concouraient à charger d'Anglade et sa femme, les découvertes que l'on faisait sur leur vie passée s'y réunissaient pour attester que, loin d'être à l'abri des présomptions, ils étaient dans la classe de ces gens intrigans sur lesquels la police ne peut trop avoir les yeux ouverts, et pour qui le soupçon est presque une conviction. Ils avaient eu, à la vérité, le talent de se couvrir du manteau de la probité; mais plus ils avaient su en imposer, moins ils avaient droit de prétendre à l'indulgence.

Un témoin déclara que l'accusé était un

joueur de profession; que l'abbé Bouin l'avait appelé fripier : ce qui s'accordait avec l'habitude qu'il avait de prêter sur gages.

Un autre témoin déposa du vol fait au sieur Grimaudet; d'autres déclarèrent qu'ils avaient ouï dire que d'Anglade avait volé une pièce de ruban. Enfin l'information se trouva chargée de beaucoup d'autres minuties dont le détail serait rebutant, mais qui, réunies, ne laissaient pas de fortifier l'imputation des faits principaux.

Quant à la naissance de d'Anglade, et aux revenus qui fournissaient à son faste, il avait eu l'art de fasciner tellement les yeux du public sur l'un et sur l'autre objet, qu'il fut impossible de tirer, à cet égard, aucune lumière de l'information. Dans les interrogatoires, le juge eut besoin de la plus grande sagacité pour suivre l'accusé dans toutes les fuites où il essaya de cacher son origine, et l'état de sa fortune. Mais il résulta enfin de ses réponses combinées, et débarrassées des déguisemens dont il les avait couvertes, que, loin d'être gentilhomme, comme il avait l'audace d'en faire profession, il était de la naissance la plus obscure, et que son revenu n'excédait pas annuellement la somme de 1950 livres; ce qui n'approchait pas, à beaucoup près, de la dépense que son faste exigeait. Cette circonstance était d'autant plus inquiétante, qu'aucun de ses fournisseurs ne s'est plaint qu'il fût en arrière pour sa dépense courante, ni même pour les objets qui forment le fonds du vêtement. Il payait donc comptant; et quelle était la source de cette aisance?

Tout semblait donc annoncer que d'Anglade était un de ces escrocs que l'on qualifie chevaliers d'industrie, qui usurpent un nom, un rang, et font une dépense qu'ils ne peuvent soutenir qu'aux dépens des dupes que leurs tons imposans et insinuans tout à la fois font tomber dans leurs filets, et par la ressource des coups de main et de la filouterie.

A tous ces faits, à cette masse subjugante de présomptions , se joignirent les contradictions dans lesquelles tombèrent les deux accusés sur des objets de la plus grande importance. On demande au mari d'où proviennent ces louis : il répond qu'il les amassait à mesure que le hasard lui en procurait. On lui demande si sa femme avait connaissance de cet amas de louis : il répond qu'il ne se souvient pas de lui en avoir fait la confidence. La femme déclare, de son côté, qu'elle en avait connaissance ; qu'ils les ont plusieurs fois comptés ensemble ; et que son mari, en les comptant devant elle, lui dit : « Ma femme, voilà qui « est bien joli. » Le mari dit qu'il y a trois semaines ou un mois qu'ils n'y ont touché : la femme avoue qu'il n'y a que quatre jours.

Il est inutile d'entrer ici dans le détail de plusieurs autres contradictions sur leur naissance, sur leurs revenus, sur les ressources dont ils faisaient usage pour soutenir leur faste, etc. : il suffit de faire attention à celles où le mari et la femme sont tombés , relativement aux louis qui for-

maient un des principaux objets et un des
principaux indices du vol. Il est constant,
en matière criminelle, que lorsqu'une con-
tradiction est formelle, et qu'elle frappe
sur un fait considérable, elle élève contre
l'accusé une preuve plus concluante ,
qu'une reconnaissance simple et naturelle
du fait même. L'aveu d'un accusé, tourné
à son avantage, doit être écouté favorable-
ment ; et le juge doit se prêter à toutes les
inductions raisonnables qu'il en peut tirer
pour sa décharge. Mais les contradictions
qui vont à établir le fait qu'il s'efforce de
cacher font connaître en même temps , et
sa mauvaise foi , et l'injustice de sa défense.
Aussi les auteurs , loin de regarder les contradictions comme des moyens légers, dé-
cident qu'elles peuvent faire prononcer la
condamnation à la question (1), quand elles

(1) La *Question préparatoire* fut abolie , par
une déclaration de Louis XVI, le 24 août 1780 ; et
l'usage de la question dans tous les cas fut enfin
abrogé par l'article 24 de la loi du 9 octobre 1789.
Une autre amélioration pleine d'humanité , et qui
est également due au génie bienfaisant du roi

tombent sur le fait même du crime, ou sur les circonstances principales qui l'accompagnent.

De cette vérité, il en résulte une autre contre d'Anglade et sa femme, à laquelle les juges ne pouvaient pas se refuser. Quand le corps du délit est constant, c'est-à-dire quand il est certain que le crime dont la justice poursuit la vengeance a été commis, on peut condamner l'accusé sur la foi des présomptions et des indices. En effet, le juge qui, en s'assurant que le crime qui lui est déféré existe réellement, a fait le premier pas dans la voie de la vérité, peut raisonner ainsi : « Puisque le crime est « certain, il faut nécessairement que quel- « qu'un l'ait commis. Or, quoiqu'il ne se « présente aucune preuve directe contre « le coupable, parce qu'il a eu soin de les « écarter, celui-là est censé l'être, contre « lequel les présomptions s'élèvent. » Ce raisonnement, qui sert de flambeau aux juges dans les espèces où il y a un corps

martyr, fut l'abolition de la peine de mort contre les déserteurs.

de délit constant, ne peut pas l'éclairer dans celles où il n'y a pas de corps de délit.

Ici il était certain que l'on avait volé au comte de Montgommery la somme qu'il réclamait. Nulle preuve directe et positive, à la vérité, ne désignait le voleur : mais il existait, contre d'Anglade et sa femme, un corps de présomptions tellement cimenté, qu'il n'était pas possible à la justice humaine de ne pas les reconnaître pour les vrais coupables.

Mais comme il était difficile que le vol eût été commis sans la participation des domestiques de d'Anglade, on crut trouver matière, dans les informations, pour décréter de prise de corps son laquais, son cocher, et la femme de chambre de sa femme. Ils furent emprisonnés, à la réserve du cocher.

Cependant d'Anglade et sa femme se pourvurent au grand-conseil contre le jugement qui avait attribué au lieutenant criminel la compétence en dernier ressort dans cette affaire. Ils redoutaient ce juge, dans lequel ils avaient cru remarquer de la prévention. Par arrêt contradictoire du 25 octobre 1687, il fut ordonné que le procès serait jugé à la charge de l'appel au parlement. Ainsi ce tribunal jugea que le vol s'était commis sans effraction. En effet on s'était servi de fausses clés, sans bris de portes ni de serrures, à l'exception du coffre qui avait été forcé; mais on ne jugea pas que cette circonstance fût suffisante pour exposer la vie de deux citoyens à un jugement sans appel.

Il ne suffisait pas à d'Anglade de s'être assuré que la sentence du lieutenant criminel serait sujette à la réformation; il voulut entièrement écarter ce juge. Il le prit à partie, et prétendit que les preuves de prévention qui lui étaient échappées, et la rigueur barbare avec laquelle il l'avait fait traiter, lui et sa femme, dans leur prison, lui donnaient le droit de le regarder non comme son juge, mais comme son ennemi.

Les preuves de la prévention consistaient dans cette déclaration que le lieutenant criminel s'était permise, en disant au sieur d'Anglade : « C'est vous ou moi qui avons « commis ce vol » ; dans la précipitation avec laquelle il s'était tellement livré à cette idée, qu'il s'était abstenu de fouiller dans les chambres des domestiques, quoique l'on eût pu raisonnablement fonder des soupçons contre la Forménie, qui n'avait point été du voyage à Villebousin, et qui avait été dépositaire de la première clé de l'appartement.

Quant aux rigueurs exercées contre d'Anglade et sa femme dans leur prison, elles étaient d'autant plus sensibles, qu'ils étaient accoutumés à une vie commode et aisée. Le sieur d'Anglade avait toujours ménagé la délicatesse de son tempérament par le secours des soins minutieux, qui ne sont d'abord que des besoins imaginaires, et que l'habitude convertit insensiblement en besoins réels. On l'arrache subitement du sein d'une mollesse habituelle, pour le précipiter dans un cachot souterrain, où l'air extérieur ne pénètre par aucune issue, où l'humidité la plus pourrissante n'est corrigée par aucune évaporation, où il ne trouve d'autre siége, d'autre lit, qu'un peu de mauvaise paille que l'on laisse se convertir en fumier avant que de la renouveler. Pour toute nourriture, il est réduit au pain des prisonniers, pain rebutant pour un palais délicat, difficile à digérer par un estomac accoutumé aux mets préparés avec art, et dont la quantité était à peine suffisante pour apaiser la faim. La rigueur avec laquelle on lui interdisait toute communication à l'extérieur le privait du secours des charités qui s'exercent dans les prisons, quoique ces secours ne s'étendent pas au-delà du plus stricte nécessaire.

Sa femme était au commencement d'une grossesse, lorsqu'elle fut arrêtée. La révolution que lui causa cette catastrophe lui occasiona une fausse couche, dont elle éprouva toutes les suites au fond de son cachot. Dans un état si cruel, elle n'avait d'autre consolation que la compagnie de sa fille âgée de cinq ans, qui lui faisait sentir un morceau de pain trempé dans du vin, pour la faire revenir des faiblesses et des évanouissemens où son état la faisait tomber à chaque instant. Quoiqu'elle attendît la mort de moment à autre, ce ne fut cependant qu'après bien des instances qu'elle obtint qu'on lui donnât un confesseur.

Elle guérit enfin ; mais à peine commençait-elle à sentir un peu de soulagement, que sa fille tomba malade. Elle éprouvait des sueurs froides qui laissaient cette innocente victime toute trempée. La mère n'avait point de linge pour l'essuyer, ni de feu pour la réchauffer. Tout ce qu'elle put obtenir de la barbarie de ses gardiens, ce fut un peu de charbon dans un vase de terre, et ce charbon était bientôt éteint. Il fallut pleurer, il fallut gémir pour avoir un médecin. Au bout de cinq mois, on leur accorda un autre cachot, comme une faveur extraordinaire. Celui-ci recevait l'air extérieur par une petite fenêtre, mais on la boucha ; et la communication étant ainsi interceptée, la mère et la fille étaient à toute heure exposées à être étouffées par la vapeur du charbon.

Tant de rigueurs, tant de barbarie, ne

pouvaient être exercées que par les ordres ou au moins de l'aveu du lieutenant criminel. Cette sévérité contre des accusés qui n'étaient pas convaincus, jointe aux impressions dont ce juge s'était laissé frapper, et qu'il n'avait pu dissimuler, ne semblaient pas compatibles avec l'impartialité si nécessaire au magistrat qui veut trouver la vérité, et qui doit être exempt de tout ce qui la peut offusquer.

C'est sur ces moyens que d'Anglade interjeta appel de la procédure, et prit le lieutenant criminel à partie ; mais, par arrêt du 13 décembre 1687, rendu sur les plaidoiries respectives, il fut jugé que le lieutenant criminel avait été follement intimé (1), et le procès fut renvoyé par devant lui.

Il continua donc la procédure ; et, par sentence du 19 janvier 1688, d'Anglade fut condamné à la question ordinaire et extraordinaire. Sur l'appel, arrêt qui ordonna

(1) C'est-à-dire qu'il avait été assigné sans sujet, pour répondre personnellement sur sa procédure. On aura occasion, dans la suite de ce recueil, de parler plus amplement des prises à partie.

pareillement la question ordinaire et extra-ordinaire, mais avec la clause *manentibus indiciis*, c'est-à-dire les preuves restant dans toute leur force.

Ces deux manières d'ordonner la question produisaient des effets différens. Il y avait deux cas où l'on prononçait ce supplice contre un accusé : s'il avait commis le crime dont il était convaincu avec des complices que la justice ne connaissait pas, et qu'il était cependant important de connaître, on condamnait le coupable à la peine qu'il méritait ; on ordonnait en même temps qu'il serait, au préalable, appliqué à la question, pour avoir révélation de ses complices ; et cette question s'appelait question préalable.

Mais s'il n'y avait que des preuves, considérables à la vérité, et néanmoins insuffisantes pour opérer la condamnation, le juge pouvait ordonner alors que l'accusé serait appliqué à la question, pour arracher de sa bouche, par la force des tourmens, des aveux qui, joints aux preuves que l'on avait déjà acquises, pouvaient former une preuve juridique, ou du moins indiquer les routes qui pouvaient y conduire ; et cette question s'appelait question provisoire.

Si elle était ordonnée purement et simplement, le sort de l'accusé dépendait de la fermeté qu'il pouvait opposer à la douleur. S'il lui échappait des aveux, le juge en faisait tel usage que sa prudence lui suggérait. S'il n'avouait rien, il devait être renvoyé absous ; et tel eût été l'effet de la sentence du Châtelet, si le parlement l'eût confirmée purement et simplement.

Mais quand les preuves, tout insuffisantes qu'elles étaient, paraissaient néanmoins trop fortes pour qu'on pût laisser l'accusé arbitre de son sort, alors on ordonnait qu'elles subsisteraient. Cette réserve donnait au juge la faculté de condamner l'accusé, quoiqu'il n'avouât pas, à des peines pécuniaires, même à des peines afflictives, de quelque nature qu'elles fussent, excepté la mort, *ad omnia citrà mortem*. Tel fut l'effet de l'arrêt du parlement contre d'Anglade.

Il n'avoua rien à la question ; et cependant, par l'arrêt définitif du 16 février 1688, d'Anglade fut condamné aux galères póur neuf ans, et sa femme bannie de la prevôté de Paris pour le même espace de temps ; condamnés conjointement en vingt livres d'amende envers le roi, en trois mille livres de réparation, et vingt-cinq mille six cent soixante-treize livres de restitution envers le comte de Montgommery ; à la restitution du collier de perles, sinon payer la somme de quatre mille livres, le tout solidairement : jusques auxquelles sommes, et au-dessous, le sieur de Montgommery et sa femme seront crus à leur serment ; déduction néanmoins faite de la somme de cinq mille sept cent quatre-vingts livres cinq sous remise ès mains du sieur de Montgommery, de soixante-dix louis d'or au cordon étant au greffe, une double pistole d'Espagne, et dix-sept louis d'or trouvés sur d'Anglade, quand il fut arrêté prisonnier. D'Anglade et sa femme condamnés aux dépens, même ceux faits contre les domestiques décrétés.

Les juges, convaincus que d'Anglade était criminel, et la procédure ne leur ayant pas permis de lui infliger le supplice que méritait le délit dont ils le voyaient coupable, n'épargnèrent aucune des peines dont la loi ne leur interdisait pas l'usage. C'est la coutume de donner quelques rafraîchissemens aux malheureux qui ont été appliqués à la question. D'Anglade, pour tout rafraîchissement, fut conduit, de la chambre de la question, dans le cachot le plus sombre de la tour de Montgommery (1). Il y fut long-temps sans assistance, sans consolation, sans voir personne ; et n'en fut tiré que pour être mené, tout brisé, tout rompu qu'il était, au château de la Tournelle (2).

Succombant enfin sous le poids de tant de maux, il tomba dangereusement malade.

(1) Cette tour était renfermée dans l'enceinte de la prison connue sous le nom de Conciergerie du Palais. C'était là qu'on renfermait les plus grands scélérats : Ravaillac et Damien y avaient été jetés.

(2) Prison proche la porte Saint-Bernard à Paris, où l'on conduisait les criminels condamnés aux galères, et où on les attachait à la chaîne, pour les faire partir.

Il reçut le viatique, et déclara en même temps, de vive voix et par écrit, qu'il était innocent; mais qu'il pardonnait à ses ennemis; que le seul déplaisir qu'il éprouvât était de ne se voir attaché qu'à la chaîne, tandis qu'il voyait son Sauveur attaché à la croix. Il ne mourut point, et demeura, jusqu'au départ de la chaîne, fixé au premier mai, dans cet horrible séjour, où il ne vivait que d'aumônes.

On reprocha au comte de Montgommery d'avoir sollicité vivement pour faire partir le sieur d'Anglade, quoiqu'il ne fût pas encore guéri, et de l'avoir même attendu sur le chemin, pour se repaître du plaisir barbare de le voir dans l'humiliation et dans la souffrance. Le supplice de la question avait tellement brisé les membres de d'Anglade, qu'il lui était impossible d'en faire usage, et que le moindre effort qu'il voulait faire, ou le moindre mouvement qu'il éprouvait, lui causaient les douleurs les plus cuisantes. Il fallut deux hommes pour le mettre sur la charrette. Pendant la route, ils le descendaient le soir, et l'étendaient sur un peu de paille dans une grange, ou sous une halle.

Arrivé à Marseille, il fut conduit à l'hôpital des forçats. Il y conserva les sentimens qu'il avait eus au château de la Tournelle. A tous ses maux, se joignait le tableau de l'état déplorable où sa femme et sa fille étaient réduites. Il parvint enfin à s'en détacher pour ne s'occuper que de Dieu, persuadé que l'une trouverait en lui un protecteur, et l'autre un père. C'est dans ces sentimens qu'il mourut, le 4 mars 1689.

Peu de temps après cette mort, on lut dans la gazette de Hollande un article ainsi conçu : « On a exécuté à Orléans deux « criminels, dont l'un a avoué, étant au « supplice, qu'il avait fait le vol chez le « comte de Montgommery, pour lequel le « marquis d'Anglade fut condamné aux « galères. »

Cette première annonce donna des soupçons en faveur du sieur d'Anglade, et la fureur dont le public avait été animé contre lui commença à faire place à la compassion.

Cette révolution dans les esprits fut consolidée par des lettres anonymes qui coururent dans le monde. L'auteur de ces lettres disait qu'il allait s'enfermer dans un cloître, et qu'il se croyait obligé, pour la déeharge de sa conscience, d'apprendre que le sieur d'Anglade était innocent du vol dont il était accusé ; que les auteurs du crime étaient Vincent, dit *Belestre*, fils d'un tanneur du Mans ; et un prêtre appelé Gagnard, aussi du Mans, aumônier du comte de Montgommery ; et qu'une femme, nommée de Lacomble, en donnerait des nouvelles certaines.

La comtesse de Montgommery en reçut une. Elle voulut la tenir secrète ; mais elle transpira parmi ses domestiques, qui traitèrent Gagnard de fripon, lui reprochant d'être la cause d'un malheur commun à toute la maison. Ils forcèrent enfin leur maîtresse à le chasser sur-le-champ.

Un particulier, nommé Loysillon, reçut aussi une de ces lettres. On fit usage de celle-ci dans le procès dont on va parler.

Une troisième fut envoyée au lieutenant

criminel. Il en fut effrayé, craignit d'avoir condamné un innocent, et voulut s'éclaircir sur un fait aussi important. Il remit la lettre à l'exempt Desgrais, qu'il chargea de s'informer de la vie et des mœurs de Gagnard et de Belestre. On a vu, dans le procès de la marquise de Brinvillier, combien cet exempt était actif, adroit et rigide dans ses opérations.

Il apprit que Belestre ayant, dès sa jeunesse, été complice d'un assassinat, avait été contraint de quitter son pays, et s'était fait soldat; qu'ayant tué un sergent, il avait déserté, et avait, depuis, toujours mené une vie vagabonde, tantôt au Mans, tantôt à Paris; que nonobstant le délabrement de ses habits, et l'état de misère dans laquelle il était plongé, il avait toujours été en grande liaison avec l'abbé Gagnard; que tout d'un coup il avait changé de fortune; qu'on lui avait vu de grosses sommes d'or et d'argent, et plusieurs habits très-riches; qu'il avait même acheté, auprès du Mans, une métairie de neuf à dix mille livres.

A l'égard de Gagnard, on sut qu'il était

fils d'un geôlier de la prison du Mans; que son patrimoine était saisi réellement, et en bail judiciaire; qu'il avait subsisté à Paris, pendant quelque temps, du produit des messes qu'il disait au Saint-Esprit; qu'il était entré chez le comte de Montgommery, où il ne s'était pas enrichi : mais qu'à peine il en était sorti, qu'il avait paru dans l'abondance, recherché dans ses habits ecclésiastiques, faisant une dépense excessive, et entretenant une fille; on apprit même qu'avec de l'argent, il avait trouvé le moyen de se procurer un bénéfice.

Telles furent les découvertes de l'exempt Desgrais. La dame d'Anglade, informée de ce qui se passait, fit aussi des perquisitions sur ces deux aventuriers. Voici ce qu'elle apprit : Pierre Vincent était fils d'un pauvre tanneur du Mans. Il s'engagea dans le régiment de Normandie sous le nom de Belestre; il devint sergent dans la compagnie de Boisguyet. Parvenu à ce grade, il fut condamné aux galères par jugement du prevôt du Mans, en 1676. Sa complaisance pour une prostituée l'avait rendu complice de l'assassinat d'un pauvre meûnier, que trois scélérats assommèrent.

Tel fut son coup d'essai. Paris et Versailles lui parurent ensuite propres à exercer ses talens pour la filouterie, et pour les vols dans les maisons. Il mit aussi les grands chemins à contribution. Dans ces différens exercices, outre le nom de Vincent, qui était celui que son père lui avait transmis, et celui de Belestre qu'il s'était donné dans les troupes, il s'appelait tantôt *Beaulieu*, tantôt *Lagrange* ; d'autres fois *Destouches*, ou *Belair*. Au reste, il était débauché jusqu'à l'excès, et toujours en commerce avec les femmes et filles qui exercent la prostitution par état.

Entre autres traits qui peuvent caractériser l'adresse de ce scélérat, et qui annoncent une fermeté et une présence d'esprit acquises par l'usage du crime, en voici un que Cartouche n'eût pas désavoué.

Il va, le 16 juin 1786, au bureau des carrosses de Dijon, pour y retenir une place, sous le nom de Belair. Après s'être bien informé des voyageurs qui devaient remplir la voiture, il arrête la sienne. Les coquins de son espèce prennent toujours leurs mesures pour que le sort paraisse ne leur laisser qu'une des places de portière ; ils sont là plus à portée de s'évader en cas d'accident. Le soi-disant Belair n'oublia pas cette précaution. Parmi ceux qui occupaient la voiture avec lui, était le gouverneur de Blin en Franche-Comté, homme de condition, nommé Olivier. Ses fréquens voyages à Paris et à la cour l'avaient fait connaître du commis des carrosses, qui dit à Belair quel il était ; et ce fut à lui que ce voleur crut devoir s'attacher. Pour avoir lieu de former une liaison avec ce gouverneur par la conformité d'état, Belair se dit officier. Ayant servi dans les troupes assez long-temps pour faire illusion à ce sujet, il n'eut pas de peine à tromper le sieur Olivier ; mais, afin d'écarter tout soupçon, il joua la dévotion.

La première couchée fut à Guigne. Le prétendu officier, qui s'était donné tout l'extérieur du rôle qu'il jouait, s'arrangea pour coucher dans la même chambre que

14.

le sieur Olivier. Dès qu'ils y sont entrés, Belair se précipite à genoux, et reste fort long-temps dans l'attitude d'un homme qui prie Dieu. Cet air d'une piété exagérée, loin d'imposer au gouverneur, et de lui donner la sécurité que l'hypocrite voulait lui inspirer, lui fit naître au contraire quelques soupçons, qui l'excitèrent à prendre les précautions qui pouvaient se concilier avec l'honnêteté. Il avait dans sa culotte deux bourses garnies de louis d'or; il la place sous le chevet de son lit : il ordonne à son laquais de fermer la porte et d'emporter la clef.

Se croyant à l'abri de la surprise par ces actes de prudence, il s'endort tranquillement. Belair observe et saisit le temps du premier somme du sieur Olivier, tire adroitement la culotte de dessous le chevet, vide une bourse dans l'autre, laisse sur la table celle qu'il avait vidée, et la culotte par terre; attache les draps de son lit l'un au bout de l'autre, les lie aux chassis de la fenêtre, se glisse et s'évade.

Le sieur Olivier, à son réveil, aperçoit

son désastre, voit comment son voleur s'est procuré une fuite assurée. Il fait venir le juge de Guigne , qui dresse un procès-verbal ; retourne à Paris, va d'abord au bureau du carrosse, s'adresse au commis, examine son livre, sur lequel il trouve : *Le sieur Belair, ayant donné vingt-cinq livres pour sa place*. On répand dans Paris des billets d'indications, pour découvrir ce prétendu Belair. Toutes ces formalités, toutes ces recherches sont infructueuses. Il ne restait d'autre consolation au sieur Olivier que de ne s'être pas éveillé pendant que ce scélérat faisait son coup ; il l'aurait égorgé.

Quant à l'abbé Gagnard, il n'y avait pas de crime d'éclat sur son compte. Mais la liaison qu'il avait entretenue avec Belestre , depuis leur naissance, ne pouvait que le rendre très-suspect. Sa physionomie , au reste , annonçait de l'esprit, et ne trompait pas. Il avait tout l'extérieur de la piété : il avait fait usage de son esprit et de son hypocrisie pour gagner la confiance du comte de Montgommery. Il dirigeait ses affaires ; il se mêlait de tout ; tout lui passait par les mains : en un mot, il était à la tête de la maison, et le dépositaire des clés. Il ne pouvait donc pas ignorer que le comte avait reçu une grosse somme vers le mois de juin 1687, ni le lieu où elle avait été déposée.

Les recherches de Desgrais lui apprirent en outre que, dans le temps qu'on informait du vol contre le sieur d'Anglade et sa femme, tous les voleurs de Paris étaient imbus que Belestre et Gagnard étaient les vrais coupables; les filous les nommaient sur le Pont-Neuf. Le bruit en courut jusqu'au Mans, où tout le monde en était persuadé. Ce bruit avait été répandu par des malheureux auxquels on n'avait pas donné, dans le vol, la part qui leur avait été promise.

Toutes ces découvertes, jointes aux lettres dont on a parlé, pouvaient ouvrir la voie à la vérité; mais il fallait saisir ces deux coquins. La Providence y pourvut. Gagnard fut conduit au Châtelet, pour avoir été présent à un meurtre qui s'était commis dans un cabaret de la rue Saint-André-des-Arcs. Peu de temps après, Belestre fut arrêté et conduit dans les prisons de Versailles, en vertu d'un décret de la prevôté de l'hôtel, dont il avait éludé l'exécution pendant trois ans. Son crime était d'avoir joué, conjointement avec un autre filou, contre un nommé Corpé, marchand suivant la cour; de lui avoir filouté quelque argent, et volé pour plus de cinq cents livres de toile.

Quand on l'arrêta, on trouva dans sa poche un exemplaire de cette gazette de Hollande, qui annonçait qu'un voleur exécuté à Orléans était auteur du vol imputé au sieur d'Anglade. Cette précaution, d'avoir toujours avec lui une gazette qui avait plusieurs mois de date, parut mériter que l'on en examinât les motifs. Avec cette gazette était un billet de la main de Gagnard, qui lui mandait qu'il prît garde à lui; qu'il fallait éloigner l'abbé de Fontpeire. On verra par la suite combien cet abbé devait effectivement être suspect à ses deux camarades. Mais ce qui acheva d'ouvrir les yeux de la justice, c'est que le sieur Loysillon, instruit de la capture de Belestre, fit remettre au lieutenant général de la prevôté la lettre anonyme dont on a parlé plus haut, qui annonçait que Belestre était un des voleurs du comte de Montgommery.

Le juge crut devoir profiter de l'ouverture que lui donnait cette lettre. Il fit chercher la de Lacomble, la trouva, et la fit assigner en témoignage, à la requête du procureur du roi.

Il paraît que cette de Lacomble, autrement nommée la Cartaut, vivait dans une grande intimité avec Belestre, et qu'elle était de quelque utilité à Gagnard dans ses plaisirs. Mais elle ne leur avait paru mériter leur confiance qu'en ce qui concernait leur débauche; ils ne l'avaient pas crue assez consommée pour être la confidente de leurs crimes.

Elle déposa qu'un jour Belestre lui avait dit qu'il ferait un coup avec l'abbé Gagnard, qui les mettrait tous en repos; qu'on devait l'éveiller, et lui donner un signal en jetant une pierre contre sa fenêtre, afin de l'avertir d'aller faire son expédition. Elle ajoute qu'il demeurait rue du Colombier, et qu'il lui dit un jour, qui était, autant

qu'elle s'en souvient, l'époque du vol commis chez le comte de Montgommery : « Nous
« avons ce soir un grand coup à faire avec
« l'abbé Gagnard ; allez-vous-en chez mon
« hôtesse ôter tout ce qui m'appartient. »
Elle y alla effectivement, et enleva tout ce
qui pouvait avoir quelque suite et procurer quelque indication, comme bourse et
papiers. Immédiatement après le vol imputé au sieur d'Anglade, continue-t-elle,
Belestre lui montra beaucoup d'or et d'argent, et même un collier de perles fines,
et lui dit, avec un air enjoué : « En voilà
« pour tretous. — Ah ! mon Dieu, s'écria-
« t-elle, où avez-vous pris cet argent, ce
« collier ? » Il répondit qu'il les avait gagnés au jeu. Se promenant un jour dans le
Luxembourg avec Belestre, il la congédia
en lui disant : « Allez-vous-en ; des messieurs
« doivent venir pour faire un partage. »
En se retirant, elle vit approcher l'abbé
Gagnard, qui ne la reconnut pas, et qui
parut fort embarrassé. Elle ajouta que le
jour que Belestre lui avait montré le collier de perles, elle lui avait cousu autour

de lui, dans une ceinture de chamois, cent louis au cordon ; et que, lui ayant reproché qu'il avait fait grand tort à ceux à qui il avait pris tout l'argent qu'il lui montrait, il lui avait répondu que ces gens-là n'étaient pas à plaindre, qu'ils en avaient assez ; que tous les biens étaient communs, et qu'il n'y avait que manière de les prendre. Elle parla aussi de la fille que Gagnard entretenait, et qui, depuis six semaines, était accouchée d'un garçon dont on le disait père.

Cette déposition parut suffisante au juge pour décréter Belestre et Gagnard sur ce crime. En conséquence, Gagnard, qui ne se trouva point coupable du meurtre qui avait été commis en sa présence, fut transféré du Châtelet dans les prisons de Versailles.

Le premier acte de procédure contradictoire avec eux fut de les entendre sur les faits déposés par la de Lacomble. Belestre, interrogé sur le partage fait au Luxembourg entre lui et Gagnard, répondit qu'il était question d'une société de jeu qu'ils avaient ensemble. Gagnard, interrogé depuis, et séparément, déclara qu'il n'avait eu avec Belestre aucune société de jeu.

Je ne ferai point ici de nouvelles réflexions sur les conséquences des contradictions entre deux accusés en matière criminelle; je prie le lecteur de se rappeler celles qui ont été faites plus haut, p. 143, et de les appliquer ici.

Les présomptions résultant des circonstances que l'on vient de voir furent agravées par la précaution que prit Gagnard de récuser la de Lacomble, avant de connaître sa déposition; et, pour tout motif de récusation, il allégua qu'elle lui avait amené des filles. Il fallait que cet accusé fût bien inquiet sur les éclaircissemens que l'on pouvait se procurer par la connaissance de ses débauches, puisqu'il récusait le témoignage de celle qui en avait été la complice, avant même de savoir en quoi consistait ce témoignage. Le motif qu'il imagine pour appuyer sa récusation annonce une inquiétude d'autant plus grande, que ce motif lui enlevait les avantages qu'il aurait pu trouver dans les dehors de la piété dont il avait toujours porté le masque. D'ailleurs, quelle indiscrétion sur ses déportemens pouvait-il appréhender de celle qui en avait été le ministre ?

Quoi qu'il en soit, ces deux accusés appuyaient leur défense sur un moyen qu'il ne paraissait pas possible de combattre par des présomptions. «D'Anglade et sa femme, « disaient-ils, ont été, par un arrêt contra-« dictoire et solennel, jugés coupables du « crime qu'on nous impute : nous ne pou-« vons donc pas l'avoir commis, ou il faut « que l'on prouve que nous étions leurs « complices. »

Ce raisonnement, qui, comme on va bientôt le voir, n'est pas sans réplique, les mettait cependant sous la sauve-garde d'un préjugé bien respectable, d'un arrêt rendu en grande connaissance de cause, et renchérissant sur une sentence intervenue après la procédure la plus régulière.

Il y avait, il est vrai, de violens soupçons contre Belestre et Gagnard. Mais des soupçons ne suffisent pas pour fonder une condamnation capitale, surtout quand ils sont combattus par un préjugé aussi fort qu'un arrêt qui a été précédé, de la part des condamnés, d'une défense détaillée et opiniâtre. D'ailleurs Gagnard se retranchait dans l'*alibi*. « J'étais à la campagne, « disait-il, quand le crime a été commis. » Et le fait était certain, et juridiquement prouvé. Quant à Belestre, il disait que la quantité d'argent qu'on lui avait vu provenait des profits qu'il avait faits sur la cantine qu'il avait tenue à Courtray, et de 2,000 livres qu'il avait gagnées en jouant contre un flibustier. On remonta à la source, et ces faits se trouvèrent faux. Mais ces mensonges ne prouvaient pas que la procédure faite contre d'Anglade fût injuste, et que c'étaient Gagnard et Belestre qui avaient commis le crime pour lequel il avait été envoyé aux galères.

Les rayons de lumière qui perçaient au travers des ténèbres dont les deux nouveaux accusés s'enveloppaient ne produisaient qu'un faux jour, qui mettait le juge dans une perplexité extrême. Les découvertes faites par l'exempt Desgrais annonçaient bien que Belestre était un scélérat, et Gagnard un débauché ; mais, outre qu'elles ne pouvaient pas former une preuve juridique, elles ne fournissaient aucun éclaircissement direct sur le fait dont il s'agissait. La déposition de la de Lacomble faisait bien entrevoir que les deux accusés étaient respectivement complices d'un vol considérable : elle contenait bien quelques traits qui pouvaient être relatifs aux effets volés au comte de Montgommery : mais ce n'était que des indices ; et des indices, surtout quand ils sont équivoques, comme ceux dont il s'agit ici, ne peuvent pas suffire pour asseoir un jugement. Aucun des témoins entendus ne fournissait de preuves juridiques.

La Providence vint au secours des juges, et leur ouvrit la voie pour arriver à la vérité. On confronta Belestre à un témoin qui n'avait déposé que sur des ouï-dire, et qui disait même qu'il n'avait appris le vol en question que par la bouche de gens qui lui étaient inconnus. Belestre eut l'imprudence de dire, à la confrontation, que ce témoin s'était trouvé dans la compagnie des nommés Giraut, La Roque, La Fonds, et l'abbé de Fontpeire. Ce dernier était le même qui avait écrit les lettres anonymes dont on a parlé plus haut.

Le procureur du roi fit chercher ces quatre particuliers, les trouva, et les fit assigner en déposition.

L'abbé de Fontpeire déposa qu'il croyait que Belestre et Gagnard avaient volé le comte de Montgommery, comme il croyait que Dieu est au ciel ; et voici sur quoi portait sa certitude. Il répéta le contenu dans ses lettres, et ajouta qu'en étalant à ses yeux leur or et leur argent, ils lui avaient fait des confidences sur leur fortune, sur leurs projets ; que Belestre lui avait, entre autres, montré une fois cent louis au cordon. Il écouta un jour à la porte d'une chambre où les deux accusés mangeaient ensemble, et entendit Belestre qui disait à Gagnard : « Mangeons, buvons, mon ami, « et nous réjouissons maintenant que ce « marquis est aux galères. » Gagnard répondit, en jetant un grand soupir : « Je le

« plains : c'était un honnête homme ; il me
« faisait bien des amitiés. — Bon, bon,
« répliqua Belestre, pourquoi plaindre un
« homme dont le malheur fait notre for-
« tune ? » Gagnard témoigna ensuite qu'il
craignait que l'abbé de Fontpeire, celui-là
même qui écoutait, ne les trahît ; qu'ils
avaient été trop confians avec lui, et qu'il
né paraissait pas propre pour ces sortes de
confidences. « Si je le savais, dit Belestre, je
« l'assassinerais. » Il ajouta que la de Lacomble entra dans la chambre pendant
cette conversation, pour leur porter du
vin, et que, craignant qu'elle ne les eût
entendus, ils témoignèrent beaucoup d'inquiétude.

Ils avaient raison de craindre d'avoir mis
l'abbé de Fontpeire trop avant dans leur
confidence. A la confrontation, il soutint
à Belestre qu'il lui avait confessé qu'il était
auteur du vol fait au comte de Montgommery, en lui montrant les cent louis d'or
au cordon, quantité d'autres espèces, et des
fausses clés. Il l'interpela ensuite d'avouer
qu'il lui avait dit un jour, d'un air mo-

queur : « Croyez-vous qu'un marquis qu'on
« appelle le marquis d'Anglade ait volé
« dix à douze mille écus au comte de
« Montgommery? »

Cette déposition, et celle de la de Lacomble furent appuyées par d'autres, qui
constataient des circonstances bien inté-
ressantes. Il résultait de l'information que
Belestre fabriquait de fausses clés; qu'il
en achetait à la *Vallée de misère*, que l'on
nomme aujourd'hui *quai de la Mégisserie*;
et qu'avec des limes il les accommodait,
pour ouvrir les serrures des chambres où
il voulait entrer; qu'après avoir montré de
l'argent à l'un des témoins, il lui avait fait
voir une clé, et il lui avait dit : « Voilà
« une clé dorée qui m'a fait avoir tout
« cet argent; » que le témoin ayant voulu
savoir comment il s'y était pris, Belestre
lui avait répondu qu'il avait fait, sur de la
cire molle, l'empreinte de la clé qu'il voulait imiter; et que, sur ce modèle, il avait
accommodé une autre clé avec une lime.
Il lui était échappé, en présence d'autres
témoins, d'ouvrir son cœur sur l'art qu'il

avait de s'enrichir en fabricant de fausses clés, de leur en avoir montré une sans anneau, qu'il appelait *la gaillarde dorée*.

Le résultat de cette information parvint aux oreilles de la dame d'Anglade. Elle fit intervenir au procès, sous l'autorité d'un tuteur, Constance Guillemot, fille du sieur d'Anglade, et la sienne. Le procès ayant été porté au grand-conseil, attendu qu'il s'agissait de la réformation d'un arrêt du parlement, la demoiselle Guillemot demanda que les deux accusés fussent déclarés coupables du vol fait au comte de Montgommery; que la mémoire de son père fût justifiée, et son honneur réparé. Elle fonda sa demande sur deux propositions : 1° Il y avait, disait-elle, des preuves convaincantes contre Belestre et Gagnard; 2° ils ne pouvaient point, pour se justifier, opposer l'arrêt qui avait condamné son père et sa mère.

Ce ne sont que des lettres anonymes, il est vrai, qui ont fixé l'attention des personnes intéressées, et du public, sur ces deux coquins. Si l'auteur de ces lettres eût inculpé des particuliers exempts de tout soupçon, et d'une réputation intacte, l'accusation aurait pu, au premier coup d'œil, paraître calomnieuse, et l'on aurait été fondé à la regarder d'abord comme une manœuvre mal conçue pour laver la mémoire du sieur d'Anglade. Mais qui cette dénonciation anonyme indique-t-elle? Deux scélérats dont on a tracé plus haut le portrait d'après nature. Il n'y a donc point de préjugé en faveur de leur innocence; leur vie passée annonce que le crime en question est analogue à leurs mœurs, et que s'ils ont été à portée de le commettre, ils n'ont pas manqué de le faire.

Or, toutes les circonstances de la procédure annoncent qu'ils en sont les auteurs, et montrent la route qu'ils ont suivie pour réussir. Avant le vol commis, ils étaient dans la plus profonde misère : à l'époque du vol, on les voit passer, sans nuance, dans l'opulence. L'un achète des terres ; on rapporte le contrat d'acquisition : l'autre achète un bénéfice. Nonobstant ces emplois de deniers, on leur voit les mains pleines d'or et d'argent. On les interroge au sujet de la source où ils ont puisé ces richesses : ils sont convaincus de mensonge sur celle qu'ils indiquent. Un partage qu'ils font entre eux prouve qu'ils sont en communauté d'intérêts ; on leur demande quel est le motif de cette société : ils se coupent. Le principe de leurs richesses est donc criminel, la cause de leur association est donc criminelle ; et cette association est constatée par leur propre aveu.

A ces indices, ajoutons-en d'autres qui résultent de la procédure.

Belestre, embarrassé du grand nombre d'espèces que son vol avait mis en sa possession, craint que ces témoins muets ne déposent contre lui. Il attache les louis au cordon autour de lui ; il loue en même temps trois chambres, dans chacune desquelles il met une portion de ses piastres et de son argent.

Un certain abbé de Saint-Martin, lié avec les deux accusés, et sur lequel la police avait les yeux ouverts, menace de les dénoncer comme voleurs ; Belestre ouvre

sa bourse, et demande composition. Nouvelles menaces, nouvelles craintes, nouvelles alarmes; Belestre et Gagnard sont
en agitation, et s'intriguent pour procurer
la fuite de ce témoin incommode. On apprend que Belestre enterre de l'or tantôt
dans un endroit, tantôt dans un autre.

Tout ceci n'indique pas encore un vol
plutôt qu'un autre ; mais nous allons y
arriver ; c'est la de Lacomble qui va nous
mettre sur la trace. Cette femme, complice
et ministre de leurs débauches jusqu'au
dernier moment, est bien croyable quand
elle dépose contre eux ; c'est l'empire de la
vérité qui l'emporte sur une inclination
formée et alimentée par le plaisir et par
l'habitude.

Suivons sa déposition. On voit d'abord
Belestre la charger d'une précaution bien
singulière : c'est d'aller retirer de sa chambre, subitement, et sans qu'elle sût qu'il
dût la quitter, tous les effets qui auraient
pu le faire suivre à la piste ; et quelle raison lui en donne-t-il ? « C'est, dit-il, parce
« qu'il doit faire, le soir même, un grand

« coup avec Gagnard. » La surprise qu'elle témoigne à Belestre, en lui voyant tant d'argent, prouve qu'elle savait bien qu'il n'en avait pas auparavant ; et le ton dont elle le questionne sur la cause de cette opulence subite prouve encore qu'elle était assurée que tant de richesses n'avaient pu passer autrement dans la main de ce malheureux que par des moyens criminels. Il attribue d'abord sa fortune à la chance du jeu ; mais il avoue ensuite qu'il la doit à un vol. « Vous avez fait grand « tort à ceux à qui vous avez pris tout cet « argent, lui dit-elle. — Ils ne sont pas à « plaindre, répond-il, ils en ont assez ; « tous les biens sont communs ; il n'y a « que manière de les prendre. » Le vol est bien clairement avoué. Mais où a-t-il été commis ? L'époque indiquée par le témoin, et la nature des espèces qu'elle voit entre les mains de Belestre, fixent l'attention sur celui qui avait été imputé au sieur d'Anglade. « C'est, dit-elle, autant qu'elle s'en « souvient, dans le temps du vol commis « chez M. le comte de Montgommery. »

Quels étaient les effets volés ? C'était un collier de perles , c'étaient cent louis au cordon , une grande quantité de piastres d'Espagne , et beaucoup d'écus. Or, ne reconnaît-on pas ici ce que le comte de Montgommery s'était plaint d'avoir perdu ? Joignons à tous ces indices une circonstance qui n'est pas à négliger. Dans la liste des effets volés , insérée par le comte dans sa plainte, il n'avait pas fait mention d'une cravate de point , dont il n'aperçut la perte que pendant la procédure ; on la trouva entre les mains de Belestre , quand il fut arrêté.

Mais Belestre , dans le vol qu'il avait fait , avait un complice. Et quel était ce complice ? C'était Gagnard , l'homme de confiance du comte , avec qui il avait partagé son vol, et qui par conséquent, s'il n'en avait pas été matériellement complice, avait pu , au moins , procurer les facilités pour le commettre.

Il est donc prouvé que ces deux scélérats avaient, de concert , commis un vol considérable ; que ce vol s'était fait dans le

même temps que celui dont le sieur d'Anglade avait été la victime, et qu'il était
composé d'effets pareils à ceux que l'on
avait enlevés au comte de Montgommery.

Toutes ces circonstances nous appro-
chent bien de la vérité ; nous allons y
atteindre. Il était prouvé, par l'information, que vers le mois de décembre 1689,
Belestre, autrefois sergent dans la compagnie de Boïsguiet, va trouver Lacomble,
qui avait été soldat sous lui, et qui était
devenu colporteur au Palais. Il lui demande à qui il faut s'adresser pour faire
mettre quelque mémoire dans la gazette de
Hollande. Le soldat le mène chez Ribou,
proche des Augustins. Belestre lui donne
un écu, et le mémoire dont on a parlé
plus haut. Pourquoi ce soin de décharger
la mémoire du sieur d'Anglade du crime
que la justice lui avait imputé, pour en
charger celle d'un prétendu criminel mort
dans les supplices ? pourquoi garder si pré-
cieusement dans sa poche cette gazette dans
laquelle il avait lui-même fait insérer cet
article ? Ces précautions n'annoncent-elles

pas que ce vol ne lui était point étranger ?
Mais voici quelque chose de plus précis.
Tous les voleurs de Paris savaient et di-
saient hautement que Belestre et Gagnard
étaient seuls auteurs du crime pour lequel
on poursuivait le sieur d'Anglade. L'abbé
de Fontpeire confirme ce fait, d'après les
propres paroles de ces deux accusés.

Le crime est donc certain ; les auteurs en
sont connus, ils sont convaincus : que
faut-il de plus pour en faire passer la
honte, de la tête de l'innocent, sur celle
du coupable ?

Mais on va plus loin : on fait voir la manière dont il a été commis, et qu'il n'a pu
l'être que par les deux accusés. La plainte
du comte de Montgommery, et le procès-
verbal dressé en conséquence, prouvent
qu'il trouva, à son retour, les fenêtres et
les portes de l'appartement où le vol fut
fait fermées, et dans le même état où il
les avait laissées ; d'où il résulte nécessairement que ce vol avait été fait par le
moyen de fausses clés. Il est constaté au
procès que Belestre en fabriquait ; qu'il

imitait, avec le secours de la cire molle, celles qui pouvaient l'introduire dans les lieux où il voulait pénétrer ; et qu'il avait plusieurs fois fait usage de ce funeste talent. Or, qui pouvait, mieux que Gagnard, en donner la facilité dans la circonstance présente ? Gagnard était le maître de celles de l'antichambre, de la chambre et du cabinet du comte de Montgommery ; il les avait tous les jours entre les mains, et les gardait pendant des mois entiers. Fallait-il tant de temps à Belestre pour en prendre l'empreinte, et les contrefaire ensuite à son aise ?

Plus on examine les circonstances, plus elles concourent à indiquer les voleurs, et les précautions qu'ils ont prises pour se cacher et pour réussir. Ils connaissaient la somme qu'ils avaient résolu de voler, et savaient bien qu'elle était d'un volume trop considérable pour être transportée en cachette hors de la maison. Il n'était pas possible, sans courir les plus grands risques, d'aller et venir à plusieurs reprises dans l'appartement. Il fallait donc, dans la maison même, un entrepôt voisin de la porte, et isolé des lieux habités tant par les autres locataires, que par ceux des domestiques qui n'avaient pas accompagné leurs maîtres à la campagne. La chambre où couchait Gagnard réunissait tous ces avantages; mais il en fallait assurer, au voleur, la libre disposition. C'est ce que fit Gagnard en se nantissant de la clé, qu'il se garda bien de confier, avec les autres clés, à la femme de chambre; et, pour écarter tout soupçon, il eut soin de choisir un moment qui pût lui fournir des témoins oculaires comme il avait fermé la porte à double tour, avait mis la clé dans sa poche, et ne l'avait pas ouverte depuis.

Il ôtait donc la faculté d'entrer dans cette chambre à tout le monde, excepté à celui qui en avait besoin pour en faire l'entrepôt de son vol, et qui en avait une fausse clé.

Il faut remarquer que l'on n'était pas alors dans l'usage de mettre aux serrures des pênes à ressort, et que l'on ne connaissait que les pênes dormans ; de manière

16.

que l'on ne pouvait, sans le secours de la clé, faire usage de la serrure pour fermer ou ouvrir une porte, soit en dehors, soit en dedans. Et voilà pourquoi la porte de la chambre où couchait Gagnard se trouva fermée quand le comte arriva, et ouverte un peu après, mais avant le retour de Gagnard lui-même. Le voleur, qui avait été averti que le comte ne devait revenir que le lendemain de son arrivée, était entré tranquillement dans la chambre, pour enlever le reste du dépôt qu'il y avait mis. Craignant d'être surpris pendant qu'il arrangeait ses sacs pour les transporter sans qu'ils parussent, il avait eu soin de s'enfermer avec sa fausse clé, ou avec le verrou. Le comte survint inopinément, et pendant que ce fripon faisait son opération. Il ne songea pas à l'achever, et ne s'occupa que de sa sûreté. Il saisit le moment où les domestiques du comte étaient occupés autour de lui dans son appartement ; il s'évada, sans s'amuser à fermer la porte après lui.

Il est donc constant que le comte de

Montgommery a été volé, qu'il l'a été par Belestre et par l'entremise de Gagnard ; et l'on voit évidemment la manière dont le coup s'est fait. Le sieur d'Anglade et sa femme sont donc innocens de ce crime.

Quant à l'arrêt qui les a condamnés, il n'opère rien pour la justification des vrais coupables. 1º Il n'annonce pas que la justice ait regardé les sieur et dame d'Anglade comme convaincus du vol : elle les aurait fait pendre. Il annonce seulement que les juges, comme hommes, les ont violemment soupçonnés, mais qu'ils n'avaient pas les preuves requises par la loi pour opérer une condamnation définitive.

2º Que l'on compare les charges des deux procès, et l'on verra que si celles du premier contiennent des indices assez forts pour inquiéter la justice, celles du second portent la vérité jusqu'à l'évidence, et ont tous les caractères propres à opérer la conviction.

Tels étaient les moyens employés par la demoiselle d'Anglade, et qui détruisaient sans réplique ceux que l'on n'a fait qu'indiquer ici, et qui étaient consignés dans un mémoire publié sous le nom de Gagnard et de Belestre. On attribua dans le public ce mémoire au comte de Montgommery. Quoiqu'il fût intéressé à la justification des deux accusés, a-t-il pu se permettre de l'entreprendre aux dépens de l'humanité et de la probité?

La potence enfin termina le sort de ces deux scélérats. Belestre souffrit la question sans rien avouer; mais il confessa tout avant son exécution, et dit que cette confession n'était que pour la décharge de sa conscïence, puisqu'il n'y avait que Dieu qui l'eût vu, et lui et Gagnard qui sussent ce qui s'était passé.

Quant à Gagnard, la question lui arracha l'aveu du complot et du crime; il dit même que si le lieutenant criminel l'eût interrogé dans le temps qu'il se transporta sur les lieux, il était si troublé qu'il aurait tout avoué. Il ajouta que Belestre assista aux deux plaidoyers qui se firent au parlement sur la prise à partie intentée par le sieur d'Anglade contre le lieutenant criminel, tandis qu'on l'employait, lui Gagnard, à dire la messe au Saint-Esprit, pour avoir la révélation des coupables.

Il n'y avait plus lieu de douter de l'innocence des sieur et dame d'Anglade. Aussi celle-ci obtint-elle facilement des lettres de révision, dont le parlement retint l'exécution.

La dame d'Anglade, en demandant que cette cour prononçât sa justification et celle de la mémoire de son mari, forma une demande en dommages-intérêts contre le comte de Montgommery.

Celui-ci, dans un mémoire qu'il publia, convenait bien que son accusation provenait d'une erreur, mais d'une erreur qui ne peut pas donner lieu à des dommages-intérêts. Il avait d'ailleurs pour garans de sa défense les juges qui avaient rendu l'arrêt. En condamnant les accusés, ils ont adopté l'erreur de l'accusateur ; et, en se la rendant propre, ils l'ont justifié. Aurait-on voulu que le comte de Montgommery fût plus éclairé que les magistrats qui ont cru les sieur et dame d'Anglade coupables ?

La dame d'Anglade s'était réservé d'employer ses moyens de fait et de droit après la défense de son adversaire.

Deux points établiront la justice de ses prétentions : on fera voir que les conjectures qui ont servi de base à la poursuite du comte de Montgommery étaient plus que frivoles; on établira ensuite que quand le comte de Montgommery aurait été guidé, dans sa poursuite, par la bonne foi, cette circonstance ne le garantirait pas des dommages-intérêts dus à l'innocence qu'il a fait condamner.

Pour apprécier au juste la valeur des indices sur lesquels on est parvenu à obtenir la condamnation et la perte de ces deux victimes de la vengeance et de l'erreur, plaçons ces indices comme en groupe sous un même point de vue.

1° Les sieur et dame d'Anglade ont refusé d'aller à Villebousin, après s'y être engagés ;

2° La dame d'Anglade, au départ du comte de Montgommery, se fit remettre les clés de la porte de la rue;

3° L'on trouva soixante-dix louis au cordon dans un coffre du sieur d'Anglade ;

4° Ces louis étaient enveloppés dans un papier contenant la généalogie du comte ;

5° La dame d'Anglade eut une faiblesse quand on visita son appartement, et la main du sieur d'Anglade trembla en comptant ces soixante-dix louis ;

6° Il y eut des contradictions dans les réponses du mari et de la femme ;

7° La dame d'Anglade avertit le lieutenant criminel qu'elle avait appris que l'appartement du valet de chambre s'était trouvé ouvert, et qu'il fallait y chercher, qu'on y trouverait quelque chose : l'on y chercha, et l'on trouva six sacs de mille livres chacun ;

8° Le jour du vol, le sieur d'Anglade soupa chez lui, quoiqu'il eût coutume de souper dehors ;

9° On a appris que, dans le même appartement qu'occupait le comte de Montgommery, Grimaudet, qui l'avait occupé avant lui, et qui sous-louait du sieur d'Anglade, avait été volé ;

10° Le sieur d'Anglade savait que le comte de Montgommery avait de l'argent;

11° Le sieur d'Anglade, logeant dans la même maison, avait eu plus de facilité qu'un autre pour commettre le vol.

Tel est ce corps redoutable de preuves qui a paru plus que suffisant au comte de Montgommery pour s'acharner à la poursuite de deux innocens, et pour solliciter la justice, avec une barbarie incroyable, de les envoyer au gibet. Mais, en examinant l'un après l'autre chacun de ces faits, ils s'évanouissent au flambeau de la discussion, et ne laissent que des preuves de l'innocence des condamnés.

A l'égard du voyage de Villebousin rompu, le mari et la femme ont répondu unanimement que le dimanche 2 décembre, jour qui précéda le départ, une des sœurs du comte fit profession à l'abbaye de Panthemont ; que le sieur d'Anglade et sa femme ayant été invités d'assister à la cérémonie et au dîner, le mari fut piqué de ce qu'on affecta de retenir sa femme au repas, et qu'on le laissa aller. Ayant pris cette distinction pour une malhonnêteté qu'on avait voulu lui faire personnellement, il avait cru devoir en témoigner sa sensibilité par l'ordre qu'il donna à sa femme de rompre la partie de Villebousin. Ce prétendu indice, ayant une cause toute naturelle, cesse d'en être un. On n'aurait donc pas dû y avoir égard au procès.

Il en est de même de la circonstance des clés de la porte de la rue, que la dame d'Anglade se fit remettre ; elle est toute naturelle, et, considérée sous son véritable point de vue, elle n'annonce aucune précaution criminelle. Son mari soupait le plus souvent en ville, et se retirait fort tard ; il n'y avait point de portier ; il était dans l'ordre que les domestiques du sieur d'Anglade attendissent leur maître, à la décharge de ceux du comte ; ceux-ci auraient pu mettre de la négligence dans cette fonction, qu'ils avaient droit de regarder comme un surcroît de service onéreux, et faire languir le sieur d'Anglade à sa porte. Pourquoi, quand on trouve une cause naturelle et prochaine d'un fait, en chercher une éloignée et compliquée?

On a trouvé soixante-dix louis au cordon dans le coffre du sieur d'Anglade; mais cette monnaie était-elle donc réservée à l'usage du comte de Montgommery? N'était-elle pas dans le commerce? Elle était rare, il est vrai; mais elle ne l'était pas au point que l'on n'en trouvât chez plusieurs particuliers.

Il y a plus : la justification du sieur d'Anglade à ce sujet est écrite au procès. Il a indiqué ceux qui lui avaient donné ces louis; ils ont été entendus, et ont confirmé sa déclaration. Le comte de Montgommery s'est donc rendu coupable de mauvaise foi, en revendiquant, comme lui appartenant, les louis trouvés chez le sieur d'Anglade.

Ces soixante-dix pièces étaient enveloppées, il est vrai, dans une généalogie; mais rien n'autorisait le comte de Montgommery à soutenir que c'était la sienne plutôt qu'une autre; c'était un papier déchiré de manière qu'on n'y pouvait plus reconnaître aucune suite. D'ailleurs les accusés ont été jusqu'à indiquer d'où venait ce papier ; c'était une revendeuse qui l'avait remis à la dame d'Anglade, pour servir d'enveloppe à des effets qu'elle lui avait vendus. On a triomphé, parce que la revendeuse n'avait point parlé de ce papier ; mais elle en a fait mention dans son récolement. Comment la prévention a-t-elle pu tenir contre des accusés qui ont rendu compte des plus petites minuties ? Aussi le comte de Montgómmery, honteux de s'être attaché à une preuve si frivole, n'en parle plus.

La dame d'Anglade tomba en faiblesse, et le sieur d'Anglade trembla en comptant les louis. Mais qu'on se représente donc leur position. Quel est l'innocent qui ne sera pas effrayé, et qui contiendra les symptômes de sa frayeur, en se voyant entre les mains et à la merci d'un juge tellement imbu de la prévention qui l'a frappé d'abord, qu'il ne peut la dissimuler, qui affecte l'extérieur le plus rigoureux et le plus terrible de la magistrature, et néglige tout ce qui peut servir à la décharge de l'accusé ? Comment n'être pas intimidé, en se voyant tout d'un coup soupçonné d'un crime énorme ; en voyant que, dans le moment même où l'on jouit de la considération et de l'estime universelle, on tombe tout-à-coup dans le mépris et dans l'infamie ? Les peines sous lesquelles les sieur et dame d'Anglade ont été écrasés n'ont que trop justifié la crainte qui a causé leur défaillance et leur tremblement.

Quant aux contradictions du mari et de la femme sur les soixante-dix louis, voici à quoi elles se réduisent. La dame d'Anglade a dit qu'elle a su que son mari faisait un amas de louis au cordon ; qu'ils les ont comptés ensemble plusieurs fois ; et que le sieur d'Anglade, les comptant devant elle, lui dit : « Ma femme, voilà qui est bien « joli. » Le sieur d'Anglade dit, de son côté, qu'il ne pouvait pas assurer si sa femme faisait un amas de louis ; qu'il ne se souvient point de les lui avoir fait voir ; qu'il peut fort bien se faire qu'il les ait comptés en sa présence, mais qu'il ne se le rappelle pas. Dans quelle position se trouvent, à cet égard, le sieur d'Anglade et sa femme? L'un est incertain, et l'autre affirme; ils ne se contredisent donc pas, puisque l'incertitude penche autant du côté de l'affirmative que du côté de la négative. Si cet indice a fait condamner le sieur d'Anglade, il faudra donc pendre, ou du moins envoyer aux galères, tout accusé à qui sa mémoire infidèle ne rappellera pas précisément les détails sur lesquels on l'interroge, parce qu'il aura négligé de graver dans son souvenir des faits minutieux, et qui, dans le temps qu'ils arrivent, sont de la plus grande indifférence.

Si le mari et la femme n'ont pas été d'accord sur leur origine, c'est une circonstance qu'il faut pardonner à la vanité, faiblesse qui n'est que trop commune dans la société; et surtout, il faut l'avouer, parmi les Français. Le hasard avait mis le sieur d'Anglade à portée de déguiser sa véritable naissance, et de s'en attribuer une à son choix; il avait cru ne faire de tort à personne, en souffrant qu'on le prît pour un gentilhomme. Eh! combien de téméraires, de la naissance la plus obscure, usurpent des noms illustres, sous prétexte de quelque analogie, et vont même jusqu'à se procurer de faux titres, pour s'enter sur des maisons nobles et anciennes? Le sieur d'Anglade, au moins, n'a usurpé le nom de personne : on s'est avisé de le croire gentilhomme; il a souffert qu'on le crût, et, par un mouvement d'orgueil si ordinaire qu'il a cessé d'être ridicule, il s'est prêté à l'illusion : mais sa noblesse chimérique était toute nouvelle, et n'appartenait à personne. Or, les contradictions reprochées au mari et à la femme sur ce point provenaient de ce qu'ils n'avaient pas songé à se créer de concert une généalogie; et voulant s'épargner la mortification d'être convaincus d'en avoir imposé au public sur le rang qu'ils avaient usurpé, il était tout naturel qu'ils ne fussent pas d'accord sur des détails indifférens en eux-mêmes, et sur lesquels ils ne s'étaient pas concertés. Mais s'ensuit-il de là qu'ils eussent volé le comte de Montgommery, et qu'on dût, sous prétexte de ce vol, les envoyer aux galères?

La découverte que fit le lieutenant criminel des six sacs de 1,000 livres chacun lui parut une conviction si évidente, après l'avis que lui avait donné la dame d'Anglade, qu'il ne voulut pas continuer la visite des appartemens du comte de Montgommery : il ne voulut pas qu'il y eût d'autres coupables que les sieur et dame d'Anglade. Cette idée lui parut tellement fondée, qu'il ne daigna pas interroger ceux qui couchaient dans la chambre où les six sacs de 1,000 livres avaient été trouvés.

Si cependant il eût pris une précaution que la prudence seule devait lui inspirer, il découvrait sur-le-champ la vérité, et épargnait la vie et la mort à deux innocens, puisque Gagnard déclara, à la question, que si le lieutenant criminel l'eût interrogé sur les lieux, il aurait tout découvert.

Au fond, rien n'était plus naturel que l'avis que donna la dame d'Anglade. Elle a justifié que la demoiselle Forménie lui avait appris que la porte de la chambre avait été trouvée ouverte : elle soupçonna, avec raison, que le voleur avait été caché dans cette chambre. Elle dit que le valet qui y couchait avait pu y faire entrer quelqu'un. Si ce ne fut pas le valet, ce fut Gagnard qui y fit entrer Belestre. La conjecture était donc vraie en elle-même; il n'y avait erreur que sur la personne. Comment une conjecture si juste a-t-elle pu servir d'indice contre la dame d'Anglade? Quand elle présuma qu'on pouvait trouver quelque chose, voici comme elle raisonna : « Le voleur a été dans cette chambre, puis- « qu'on l'a trouvée ouverte : il n'a pas fer- « mé cette porte; donc il a appréhendé « d'être surpris : dans cette crainte, il n'a pas « osé achever son vol. » Toutes ces con- séquences, qui étaient naturelles, ont été empoisonnées. Comment a-t-on pu en faire des indices contre elle, après qu'elle a fait voir qu'elles étaient liées avec l'événement?

Le sieur d'Anglade, qui avait coutume de souper en ville, soupe chez lui le jour du vol. Mais est-ce donc une action équi- voque que de souper chez soi, quoiqu'on s'en soit abstenu plusieurs fois? Et doit-on chercher un motif criminel à un acte aussi simple et aussi libre? y a-t-il là matière à aucune induction?

Les accusés savaient que le comte de Montgommery avait de l'argent. Mais pouvait-on dire qu'ils fussent les seuls qui sussent qu'il avait cette somme chez lui? S'il leur en avait fait la confidence, ne pouvait-il pas pareillement en avoir parlé à d'autres? Celui de qui provenait le remboursement ne le savait-il pas? Ceux qui avaient transporté l'argent ne le savaient-ils pas? Enfin ne dispose-t-on pas de ses fonds d'un moment à l'autre?

Toutes les conjectures qu'on a voulu fonder sur la fortune du sieur d'Anglade et sur son caractère sont fausses. Il a justifié que, par les ressources d'une honnête industrie et d'une économie bien entendue, il était en état de soutenir la figure qu'il faisait; que les prêts qu'il a faits sur gages étaient sans intérêts; et dans la recherche de sa vie et de ses mœurs, on a trouvé que sa probité ne s'est jamais démentie. Quant à la dame d'Anglade, on n'a osé ternir sa conduite par le plus léger soupçon.

La facilité de voler que donnait au sieur d'Anglade son habitation dans la maison est un de ces indices qui est commun à tous ceux qui habitent une maison où un vol a été commis, et qui, par conséquent, est d'autant moins concluant contre chacun en particulier, qu'il peut se faire et qu'il arrive souvent que le coupable soit un étranger.

Tels sont les indices qui ont servi de prétexte à la poursuite acharnée du comte de Montgommery. Ils ont tous des causes naturelles, qui justifient parfaitement les accusés; et s'ils ont pu au premier aspect donner lieu à quelque légère prévention, ils auraient dû, examinés avec réflexion dans l'instant même, la dissiper, et, après les éclaircissemens donnés par le mari et par la femme, contribuer à faire sortir leur innocence avec plus d'éclat.

Le comte de Montgommery convient que de tous ces indices pris séparément, il n'y en a pas un qui puisse charger les accusés; et cependant, de leur assemblage, il veut composer une masse qui puisse former une preuve. Mais comment un amas de plusieurs indices, dont chacun ne conclut rien, peut-il former une preuve concluante? Comment peuvent-ils emprunter les uns des autres une force dont chacun d'eux est dénué? Si aucun de ces indices isolés ne peut faire charge, il suit nécessairement qu'aucun ne peut être placé dans le rang de ceux qui sont graves et concluans : ils ne peuvent donc pas former une masse qui opère la conviction.

Jetons un coup d'œil sur celui qui a paru devoir faire plus d'impression. On a trouvé 70 louis dans un coffre du sieur d'Anglade; peut-on en conclure qu'ils faisaient partie des cent qui ont été volés? Y a-t-il, entre le fait connu et le fait caché, une liaison nécessaire? Peut-on dire que le fait connu, qui est celui des 70 louis trouvés, répande la lumière sur le fait caché, et que l'on cherche? Peut-on dire qu'ils sont liés nécessairement l'un à l'autre? Mille causes simples et naturelles n'ont-elles pas pu placer les 70 louis en question dans les mains du sieur d'Anglade?

n'a-t-il pu se les procurer que par un vol?
« Vous n'avez ces 70 louis, dit le comte de
« Montgommery au sieur d'Anglade, que
« parce que vous me les avez volés. — Je
« les ai parce que c'est une monnaie qui a
« cours, et qui a circulé jusqu'à moi; vous
« n'étiez pas la seule personne qui en eût,
« vous en trouverez entre les mains de
« quantité de particuliers qui ne vous les
« ont pas volés. Je les ai, en un mot,
« parce que je les ai amassés; je vous in-
« dique même ceux de qui je les tiens.
« Vous les avais-je volés pour les leur don-
« ner, ou vous les avaient-ils volés pour
« me les remettre? »

Qu'on parcoure, avec la même méthode,
tous les autres indices, on les trouvera encore plus légers et plus téméraires.

C'est en vain que le comte de Montgommery prétend que les juges sont ses garans :
celui qui surprend leur bonne foi est seul
garant de la surprise.

On ne veut et vraisemblablement on ne
peut pas soupçonner le comte de Montgommery d'avoir voulu, de gaieté de cœur,

traîner le sieur d'Anglade et sa femme au supplice ; mais il ne peut pas disconvenir lui-même que sa conduite est marquée au coin de l'indiscrétion et de l'imprudence. Or, c'est une maxime en droit que les actions commises par impéritie ou par imprudence sont des fautes. Et quiconque est coupable d'une faute est tenu de réparer les dommages qu'elle a causés.

Par arrêt du 17 juin 1693, « la Cour
« a déchargé la mémoire du sieur d'An-
« glade, et absous sa femme de l'accu-
« sation contre eux intentée ; a déclaré
« leurs emprisonnemens, les saisies, exé-
« cutions et ventes de leurs biens et effets,
« injurieux, tortionnaires et déraisonna-
« bles ; a ordonné que les écrous faits de
« leurs personnes ès prisons du Châtelet,
« du Fort-l'Evêque et de la Conciergerie
« du Palais, seraient rayés et biffés ; a fait
« main-levée à la dame d'Anglade de toutes
« saisies, tant réelles qu'autres, de ses biens
« et effets, et de ceux de son mari ; a an-
« nulé tous baux judiciaires desdits biens,
« et ordonné qu'en vertu du présent arrêt,

3.   18

« et sans qu'il soit besoin d'autre, elle
« rentrera en possession de tous lesdits
« biens et effets.

« A condamné le comte de Montgom-
« mery à restituer à ladite veuve d'An-
« glade la somme de 11,775 livres 10 sous
« pour le prix des effets et meubles ven-
« dus; et celle de 770 livres pour la valeur
« de 70 louis au cordon, mentionnés au
« procès-verbal du commissaire Regnaut,
« du 25 septembre 1687; et de 8,250 livres
« pour cinq années du greffe de la bourse
« de Bayonne, échues au premier avril
« dernier, à raison de 1650 livres par an.
« Le comte de Montgommery condamné
« en outre aux intérêts desdites sommes,
« savoir, de celle de 11,775 livres du jour
« qu'il les a touchées; et celle de 8,250 li-
« vres année par année : déduction préa-
« lablement faite de 2,143 livres 12 sous 6
« deniers payés par le comte de Montgom-
« mery à l'acquit des sieur et dame d'An-
« glade, tant à leurs domestiques qu'à
« leurs autres créanciers, et de 2,000 livres
« de provision adjugées à la dame d'An-

« glade par arrêt du 25 juin 1692, et
« qu'elle a touchées du commissaire aux
« saisies réelles ; sauf au comte de Mont-
« gommery à se pourvoir contre ceux qui
« ont joui dudit greffe, pour deux années
« de non-jouissance par lui prétendues,
« ainsi qu'il avisera. Les comte et comtesse
« de Montgommery condamnés solidaire-
« ment à payer à la dame d'Anglade la
« somme de 6,000 livres contenue dans
« l'obligation passée à son profit et au pro-
« fit de son mari par le duc et la duchesse
« de Gramont, et les intérêts de ladite
« somme solidairement du jour qu'ils l'ont
« reçue.

« Le comte de Montgommery condam-
« né par corps au paiement de toutes les
« sommes principales et intérêts ci-dessus
« mentionnés. La veuve d'Anglade sera
« néanmoins tenue de surseoir, pendant
« deux ans, toutes saisies et toutes pour-
« suites, même par corps ; lesquelles deux
« années sont accordées au comte de Mont-
« gommery et à sa femme pour le paiement
« desdites sommes, en payant, suivant les

« condamnations prononcées contre cha-
« cun d'eux, moitié dans un an, et les in-
« térêts; et l'autre moitié et les intérêts,
« un an après. Et faute par eux de payer
« ladite moitié et intérêts la première année
« expirée, le comte de Montgommery y
« sera contraint par corps; et sa femme
« par toutes voies dues et raisonnables
« pour la moitié desdites 6,000 livres et in-
« térêts seulement; sans préjudice à ladite
« veuve d'Anglade de la contrainte par
« corps contre le comte de Montgommery,
« et de ses poursuites contre la comtesse
« pour l'autre moitié des capitaux et in-
« térêts, la seconde année expirée.

« Cependant, par manière de provision,
« les comte et comtesse de Montgommery
« seront tenus solidairement de payer à la
« veuve d'Anglade, dans un mois pour tout
« délai du jour de la signification de l'ar-
« rêt, la somme de trois mille livres qui
« sera imputée sur le paiement qui doit
« être fait la première année; au paiement
« de laquelle provision dans un mois le
« comte de Montgommery sera contraigna-

« ble par corps, et sa femme par toutes voies
« dues et raisonnables. »

Sur le surplus des demandes respectives des parties, elles furent mises hors de
cour et de procès.

« Le comte de Montgommery condamné
« en outre en tous les dépens, tant du pro-
« cès criminel fait à sa requête au Châtelet,
« et sur l'appel en la cour contre lesdits
« d'Anglade et sa femme, qu'en ceux faits
« sur l'instance en lettres de révision pour
« dommages-intérêts.

« Ordonné en outre que le présent arrêt
« sera lu, publié et affiché partout où be-
« soin sera, et transcrit à côté des écrous
« de d'Anglade et de sa femme. »

Toutes les restitutions ordonnées par cet
arrêt étaient, comme l'on voit, dictées par
l'équité même. On peut cependant demander pourquoi le comte de Montgommery
ne fut pas condamné aux dommages-intérêts envers la veuve d'Anglade et sa fille.
C'est lui qui, par sa dénonciation, par la
réquisition qu'il avait faite de l'emprison-
nement des accusés, par les indices qu'il

avait fournis à la justice, par la déclaration qu'il répondait de ses gens, avait induit la justice en erreur, avait causé la mort du sieur d'Anglade, et précipité sa femme et sa fille dans l'ignominie et dans la plus profonde misère.

Mais des juges qui s'étaient laissé tromper par les impulsions d'un particulier aveuglé par ses intérêts, qui, séduits par de simples indices et sans aucune preuve *de visu*, avaient adopté et canonisé son erreur, pouvaient-ils faire supporter des peines pécuniaires à ce particulier? Les auteurs cités en faveur de la dame d'Anglade ne soumettent l'accusateur aux dommages-intérêts résultant d'une fausse accusation que dans le cas où l'innocence a été découverte et prononcée par le juge, et n'ont point prévu celui où l'impartialité qui doit éclairer ses recherches et ses oracles ne l'a pas empêché de devenir, en quelque sorte, complice d'une erreur inspirée et alimentée par la passion de l'accusateur.

Au reste, le comte de Montgommery avait, par l'événement, recouvré la plus grande partie du vol qui lui avait été fait. On lui avait restitué les six sacs de mille livres chacun trouvés dans la chambre de Gagnard; on lui avait restitué le collier de perles qui s'était encore trouvé en la possession de Belestre; enfin on lui adjugea la terre dont ce Belestre avait fait l'acquisition dans le Maine; en sorte que la perte supportée par le comte se trouva réduite aux environs de douze mille livres.

Quant à la fille des sieur et dame d'Anglade, outre les restitutions qui lui furent faites par M. de Montgommery, elle recueillit, dit-on, plus de cent mille livres d'une quête qu'on fit pour elle à la cour. Elle épousa dans la suite M. des Essarts, conseiller au parlement.

TABLE DES CAUSES

CONTENUES

DANS CE VOLUME.

FIN DU TOME TROISIÈME.

CAUSES CÉLÈBRES

ANCIENNES ET MODERNES

DEPUIS

LE XVIᵉ SIÈCLE JUSQU'A CE JOUR,

AVEC

LES JUGEMENS ET ARRÈTS

QUI LES ONT DÉCIDÉES.

PREMIÈRE SÉRIE.

TOME II.

PARIS,

AUDIN, QUAI DES AUGUSTINS, Nᵒ 25;
A. BELIN, RUE DES MATHURINS S.-J., Nᵒ 14;
BERQUET, RUE DES PYRAMIDES, Nᵒ 8;
FROMENT, RUE DAUPHINE, Nᵒ 24;
LIBRAIRIE PARISIENNE, GALERIE VÉRO-DODAT.

1829.